# T+0实战交易必杀技

曹明成　谭文◎著



中国宇航出版社

·北京·

图书在版编目（CIP）数据

T+0实战交易必杀技 / 曹明成，谭文著. -- 北京：中国宇航出版社，2018.1(2025.1重印)
ISBN 978-7-5159-1415-2

Ⅰ. ①T… Ⅱ. ①曹… ②谭… Ⅲ. ①股票交易－基本知识 Ⅳ. ①F830.91

中国版本图书馆CIP数据核字(2017)第302134号

责任编辑　卢　珊
责任校对　鲁　迁　　装帧设计　宇星文化

出版发行　中国宇航出版社
社　址　北京市阜成路8号　　邮　编　100830
(010)60286808　　(010)68768548
网　址　www.caphbook.com
经　销　新华书店
发行部　(010)60286888　　(010)68371900
(010)60286887　　(010)60286804(传真)
零售店　读者服务部
(010)68371105
承　印　三河市君旺印务有限公司
版　次　2018年1月第1版　　2025年1月第4次印刷
规　格　787×960　　开　本　1/16
印　张　12　　字　数　177千字
书　号　ISBN 978-7-5159-1415-2
定　价　38.00元

本书如有印装质量问题，可与发行部联系调换

# 序

近年来，市场上的股票类书籍渐有泛滥之势，且质量良莠不齐，多有鱼目混珠之作，真正能指导投资者实战应用的作品可谓少之又少。然最近读曹明成先生主笔的实战炒股系列丛书，感觉甚好。细读之下，书中不乏作者多年的实战经验心得与“不传之密”，实为“用心之作”，相信读者阅后当有所裨益。

我与曹明成先生相识已久。初识其人，还是1997年在湘财证券的营业部，当时因本人虚长几岁，故称他为“小曹”。其时的“小曹”，瘦瘦小小，貌不惊人，书生气十足，亦没有什么名气。后常有散户打听“曹明成”，发展到后来，不断有大户托我的关系来约“曹先生”吃饭，这才让人刮目相看。1999年他狙击网络科技股一战成名，早年的“小曹”已经成为了当时湘楚一带赫赫有名的“老曹”。

几年后我们相继开始单干，都有了自己的事业，与曹明成先生的联系渐少，偶闻他的消息也只是在报刊杂志上见到他的有关跟庄理论的文章。这次接到他的电话让我为丛书写序，颇感意外。在我的印象中，他身体并不太好，甚至可以用“体弱多病”来形容，又常沉溺于股票实战中，写书这种耗时耗力之事，以他一人之力怎能办到？

见面后我才知道，原来他这几年收了一个得意门生——谭文。谈论间他的得意之色溢于言表，“已得我九成功力”。小谭属于新时代的复合型人才，精通计算机编程，自行钻研了传统技术分析与计算机海量数据模拟测试相结合的分析方式，丛书的写作过程就曾大量使用计算机模拟测试的论证，纠正了许多人力无法克服和发现的错误，使书中的理论更趋完美。谭文大有青出于蓝更胜于蓝之势，真是后生可畏！

“曹氏八线理论”是曹明成与谭文师徒两人多年实战理论研究的结晶，曾被股民朋友冠以“零风险操作理论”。该理论我个人觉得至少有两点值得推崇：一是最大限度地回避了风险；二是几乎不会错过任何一波有价值的行情。炒股不是纸上谈兵，能在实战中真正做到稳定获利的理论才是好理论。

本次为曹明成先生的书作序，特意参加了他的书友会。有一位读者谈论成功经验时的发言让我印象深刻，他说：“曹老师的书，我都读过！”

是的，曹明成先生不会忽悠人，他主笔的丛书更不会忽悠人！读他的书，您一定会有收获！

鉴于此，我愿为此丛书作序，并向全国的广大股民朋友们推荐。

李　华

原湘财证券高层管理人员

现为广东某私募基金总裁

# 前言

炒股如同打仗，有“持久战”，也有“闪电战”。“持久战”比的是投资者的战略眼光，“闪电战”拼的则是投资者的操作速度。大家都知道，我国现在实行的是“T+1”交易制度，“T”指交易登记日，“T+1”指登记日的次日，“T+1”即当日买进的股票，要到下一个交易日才能卖出。对短线投资者、超短线投资者来讲，如何才能在现有的“T+1”交易制度下做出“T+0”交易，就非常值得研究和探讨。

T+0交易是通过精确划分个股的运行细节，把握每一次交易机会来实现的。这样一来，T+0交易的问题又成为如何精确划分个股走势，如何把握每次交易的机会上来，这就是本书要重点解决的。

本书第一章简单介绍了T+0交易，主要包括：什么是T+0交易，T+0交易选股标准，T+0交易注意事项，T+0交易纪律。这是投资者进行T+0操作的基础，也是投资者通过T+0这一交易方式实现收益的基础。

本书第二章主要介绍T+0操作策略，内容主要包括：T+0的操作方向，T+0交易策略，T+0操作的技术准备，T+0的操作方式。如果说第一章还处于理论上的准备阶段，那么第二章就是做技术上的储备。

第三章主要介绍T+0短线交易计划，内容包括：建立交易计划，执行交易计划，止盈止损计划，资金仓位管理。在这一章中，重点强调风险无处不在，所以必须对操作行为进行约束，做到一切操作都要有理有据，而不是盲目操作。当市场情况超出之前的预料时，要有及时止损的坚定决心。

在本书第四章，主要介绍T+0操作的时机，内容包括：早盘T+0交易，尾盘 T+0 交易和盘中 T+0 交易。这是一天中交易的主要时间段，个股的波动也都发生在这三个区间内。经过长期的看盘积累，在这些交易时段中，投资者可以发现明显的 T+0 交易机会，盘中应注意把握。对于这一点，投资者也可以结合书中讲解的分时 T+0 来把握。

本书第五章主要介绍 T+0 量能交易策略，内容包括：缩量交易策略，放量交易策略，常量交易策略。在这一章，投资者可以通过量能形态来把握 T+0 交易机会。

本书第六章主要介绍 T+0 分时操作策略。交易是以时间为基础的，投资者选择周线交易，交易机会就以周为单位出现。投资者选择日线交易，交易机会就以日为单位出现。投资者以分时走势为依据交易时，T+0 交易机会就以分钟为单位出现，这也是 T+0 交易独有的机会。

第七章讨论的是 T+0 交易的仓位问题，其目的是解决 T+0 交易风险与收益的关系。全仓意味着加大风险与加重获利，半仓或轻仓则偏重于控制风险。仓位大小，在个股不同走势下对交易者有不同的要求。

通过对以上内容的讲解，希望投资者在把握风险的基础上，可以实现不错的收益，从而实现 T+0 交易的目标，也希望投资者都能在资本市场上打开获利之门。

本书在编撰过程中借鉴了许多学者的观点和方法，参考了大量的文献和资料，但由于时间、精力有限，难免会出现一些错误和纰漏，欢迎读者朋友们将宝贵的意见和建议反馈给笔者。笔者的邮箱是：caomingcheng@yeah.net，微信公众号为“操盘手曹明成”，欢迎大家关注。同时我们也接收大资金的理财合作，欢迎来函交流。

# CONTENTS 目录

## 第六章　T+0分时操作策略



## 第七章　T+0交易仓位

# 第一章 认识 T+0 波段交易

什么是 T+0 交易？通俗地说，就是当天买入的证券（或期货）在当天卖出去。T+0 交易制度曾经在我国证券市场实行过，由于当时证券市场还不成熟，市场价格经常大幅波动，为了保证证券市场的稳定，上海证券交易所和深圳证券交易所宣布对股票和基金交易实行 T+1 的交易制度，即当日买进的股票，要到下一个交易日才能卖出。但对交易资金做了另外的规定，仍然实行 T+0 制度，即当日回笼的资金当日可以使用。

B 股股票实行 T+1 交易制度，资金则实行 T+3 制度。

当前，我国沪深证券交易所的国债、企业债、可转债、权证，实行的都是 T+0 交易制度，而 A 股和基金实行的均是 T+1 交易制度。

T+0 交易制度的缺点在于不能有效控制交易频率，过高的换手率会导致过度投机和市场的虚假繁荣，也难以控制恶意买空、卖空，因此风险较大。

我国股票市场上主要是个人投资者，当日买入的股票当日不能卖出。期货市场主要是大户和机构投资者，当日买入的期货合约当日可以卖出。这就意味着，当股票市场出现异常波动，股指大幅下滑时，广大个人投资者无法在当天将买入的股票卖出，无法规避风险。大户和机构投资者在股票市场承担的风险，则可以通过股指期货市场实现风险对冲。

## 第一节　什么是T+0交易

### 一、T+0的含义

在进行T+0交易之前，首先要明白“T+0”的含义。下面对“T+0”的含义进行简单的介绍。

“T”是英文单词“Trade”的首字母，是“交易”的意思。T+0交易是指当日（T日）买入后，可于成交当日交收前卖出其买入的全部或部分股票。若当日（T日）不卖出，T+1日或以后的任何一个交易日都可以进行卖出申报。

也就是说，在T+0交易条件下，申报买入股票确认成交后，不限制投资者在哪个交易日进行卖出申报，投资者既可以把当天买入的股票当天卖出，也可以用当天卖出股票返回的资金当天再买进股票。T+0交易能减少投资者的持仓风险，增强股票的流动性。

交易制度对于证券市场的活跃程度具有重要的影响。在T+0交易制度下，一笔资金可以多次交易，反复买卖，在不增加市场资金存量的情况下，能有效提高市场的流动性、活跃度和交易量，可以产生明显的资金放大效应。

在市况较弱的情况下，T+0交易制度一方面有利于减少投资者的持股风险，另一方面也为投资者提供更多的短线交易机会，有助于投资者提高盈利水平。

当前证券市场已经实施证券交易佣金浮动制，在交易成本下降的情况下，为实施T+0交易提供了必要的技术条件。实施T+0交易，可为国家带来更多的印花税收入，为市场带来更多的短线机会，为券商带来更多的佣金收入，有利于形成“多赢”的局面，在一定程度上刺激交投清淡的弱市格局。

从T+1到T+0，仅仅是交易制度上的一项技术性变化，尽管其对活跃市场具有一定的积极作用，但并不能从根本上改变牛市或熊市的根本走势。市场走势的根本好转，关键还在于上市公司业绩提升和整体宏观经济形势改善。

## 二、T+0 交易的特点

T+0 交易制度具有很明显的特点，下面对其进行简单的介绍。

（1）投机性增强，投机机会多，非常适合短线投机客的操作。

（2）主力可以随意买卖进出，造成市场对敲盛行，主力利用虚假成交量引诱散户改变操作方向。

（3）随着散户买卖次数的增多，交易费用会大幅度增加，对于券商来说是一大利好。

（4）散户交易次数和交易费用的增加会导致交易成本增加，从而增加投资风险。

（5）散户船小好掉头，容易及时跟进或出逃。

（6）在失去“T+1”助涨助跌作用后，无论股指还是个股股价，振幅都会加剧。

（7）如果实行 T+0 交易，对于小盘股有直接的利好作用。

T+0 波段操作属于超短线操作，故交易佣金的高低在一定程度上会影响到投资者的交易结果。

T+0 交易费 = 佣金 + 过户费 + 印花税

佣金比例：收取成交金额的 1.5‰（不同券商收取的佣金比例存在差异），不足 5 元按 5 元计，买卖成交时均收取。

过户费：仅沪市股票收取，买卖成交时均收取 1 元。

印花税：单向收取（卖出时），税率为成交金额的 0.1%。

成交原则：买入委托价≥卖出委托价，卖出委托价≤最新成交价，满足该条件才可能成交。

这里以不同的交易佣金比例举一个简单的例子。

A 客户通过折扣网开户，交易佣金为 1‰，B 客户交易佣金为 2‰，C 客户交易佣金为 3‰。

假设 A、B、C 三人的资金量都为 10 万元，每月交易 4 次，佣金比例分别为 1‰、2‰、3‰，三种费率情况下的交易成本如表 1–1–1 所示。

表 1–1–1 不同佣金比例情况下的交易成本（一）

| 交易客户 | 资金量 | 每年交易次数 | 年交易量 | 佣金比例 | 每年交易成本 | 每年节约成本 | 节约成本产生的收益率 |
|---|---|---|---|---|---|---|---|
| A | 10 万元 | 48 次 | 960 万元 | 1‰ | 9600 元 | 19200 元 | 19.20% |
| B | 10 万元 | 48 次 | 960 万元 | 2‰ | 19200 元 | 9600 元 | 9.60% |
| C | 10 万元 | 48 次 | 960 万元 | 3‰ | 28800 元 | 0 元 | 0% |

假设投资者资金量为 10 万元，每月交易 20 次，佣金比例分别为 1‰、2‰、3‰，三种费率情况下的交易成本如表 1–1–2 所示。

表 1–1–2 不同佣金比例情况下的交易成本（二）

| 交易客户 | 资金量 | 每年交易次数 | 年交易量 | 佣金比例 | 每年交易成本 | 每年节约成本 | 节约成本产生的收益率 |
|---|---|---|---|---|---|---|---|
| A | 10 万元 | 240 次 | 4800 万元 | 1‰ | 48000 元 | 96000 元 | 96% |
| B | 10 万元 | 240 次 | 4800 万元 | 2‰ | 96000 元 | 48000 元 | 48% |
| C | 10 万元 | 240 次 | 4800 万元 | 3‰ | 144000 元 | 0 元 | 0% |

### 三、T+0 交易获利原理

目前沪深两市的 A 股都实行 T+1 交易制度，那么在 T+1 交易制度下，怎么操作日内的 T+0 交易呢？诀窍就出现在资金实行 T+0 交收上。当天卖出的股票确认成交后，返回的资金当天就可以买进股票，T+0 交易就在这样的背景下应运而生。

交易者在买卖股票的方式上作一些调整，就能够实现 T+0 交易。比如，首先半仓资金买入股票建仓，接下来的第二个交易日，交易者就有机会止盈获利，还有机会利用剩余的半仓资金完成二次建仓的动作，这样就做到了日内的 T+0 操作。

T+0 交易方法主要有两种，下面进行详细介绍。

一种是先买后卖，也就是说先补仓后减仓。另外一种是逆向，也就是先减仓后加仓。

投资者在做 T+0 交易的时候，有个重要的条件要遵守，就是如果你的股票是单边上扬或是单边下跌的时候，尽量不要进行 T+0 操作。这是因为在单边上扬的时候做逆向 T+0，股价没有回落，而是一直上涨，这样不但不会降低持仓成本，反而容易踏空。如果在单边下跌的时候做顺向 T+0，可能越补越跌，从而让新补的仓位全部套牢。所以做 T+0 降低持仓成本时，要看盘面是不是以震荡为主，确认的话再进行操作。

一般来说，低价股做 T+0 意义不太大，因为一天的振幅也就在两三个百分点左右。比如，对五六元的股票来讲，波动两三个百分点也就是一两毛钱，这样做 T+0 没什么意义，因为股价太低，波动空间和获利空间太小，还会损失不少手续费。

中价或高价股做 T+0，获利空间就大多了。以 20 元的股票为例，一天的振幅有三五个百分点，那么震荡的幅度一般都接近 1 元。如果减去交易手续费的话，比如 0.4 元，那么投资者还有 0.6 元的差价可以获取，所以还是有利润空间的。更何况 20 多元的股票每天的振幅一般都在 1 元以上。10 元左右的股票，一般交易的手续费有 0.3 元左右，10 元左右的股票振幅一般会有七八毛钱的空间。所以股价越高，做 T+0 的价值也越高。

根据操作的方向，T+0 交易可以分为顺向 T+0 操作和逆向 T+0 操作两种。根据获利还是被套时期实施 T+0 操作，可以分为解套型 T+0 操作和追加利润型 T+0 操作。

顺向 T+0 操作的具体操作方法如下。

（1）当投资者持有一定数量的被套股票时，某天该股严重超跌或低开，可以利用这个时机，在一个交易日内低买高卖，获取其中的差价利润。

（2）当投资者持有一定数量的被套股票后，即使没有严重超跌或低开，当该股在盘中表现出现明显的上升趋势时，也可以利用这个机会买入同等数量的同一股票，待其上涨到一定高度之后，将原来被套的同一品种股票全部卖出，从而在一个交易日内实现平买高卖，获取差价利润。

（3）当投资者持有的股票没有被套牢，而是已经获利时，如果投资者认为该股仍有上升空间，可以使用 T+0 操作，在股价大幅上涨的当天通过购买双倍筹码来获取双倍的收益，争取利润最大化。

逆向 T+0 操作技巧与顺向 T+0 操作技巧极为相似，都是利用手中原有的筹码实现盘中交易。唯一的区别在于：顺向 T+0 操作是先买后卖，逆向 T+0 操作是先卖后买。

一般来讲，顺向 T+0 操作需要投资者手中持有部分现金。如果投资者满仓被套，则无法实施顺向 T+0 交易。同时需要注意的是，逆向 T+0 操作不需要投资者持有现金，即使投资者满仓被套，也可以实施逆向 T+0 交易。

逆向 T+0 操作的具体操作方法如下。

（1）当投资者持有一定数量的被套股票后，某天该股受突发利好消息刺激，股价大幅高开或急速上冲，可以利用这个机会先将手中被套的筹码卖出，待股价结束快速上涨并出现回落之后，将原来抛出的同一品种股票全部买进，从而在一个交易日内实现高卖低买，获取差价利润。

（2）当投资者持有一定数量的被套股票后，如果该股没有出现因为利好而高开的走势，但当该股在盘中表现出明显的下跌趋势时，投资者可以利用这个机会，先将手中被套的筹码卖出，然后在较低的价位买入同等数量的同一股票，从而在一个交易日内实现平卖低买，从中获取差价利润。

逆向 T+0 操作只适合盘中短期仍有下跌趋势的个股。对于下跌空间较大，长期下跌趋势明显的个股，仍然以止损操作为主。

（3）当投资者持有的股票没有被套牢，而是已经有盈利时，如果股价在盘中上冲过快，之后一般都会出现回落走势。投资者可以在其上冲过急时，先卖出获利筹码，待股价出现恢复性下跌时再买入，通过盘中 T+0 操作，争取利润最大化。

投资者在分析行情走势时，需要注意时间和趋势结合起来分析。趋势也就是行情方向的变化，这一点需要时间来确认，只有注意到时间变化的关系，才能准确把握走势的变动点。对于每个趋势中的操作次数，上涨趋势里，操作次数可以频繁一些，因为高点是逐渐抬高的，买入获利的概率要大一些。在下跌趋势中，做得好的，随着股价的下跌，持股成本也会不断降低。

投资者在进行仓位调整时，应避免一些认识上的误区。上涨时调整仓位可以增加一点儿盈利，下跌时调整仓位则很难保证摊低成本，特别是超过10% 的下跌，解决的办法是判断大的趋势，减少操作次数。

操作次数和个股每天的震荡次数、震荡幅度有关系，与投资者自己的可操作仓位有关系。一般来说，资金量保持在可以对一只股票完成两次买入和卖出操作比较理想。

具体来说，应该做到以下几点。

（1）T+0 操作不应追求 1% 以上的价差，越贪心越容易出现亏损。

（2）T+0 操作一般应该在 10 分钟内收回，最好是一个分时波就收回。

（3）下跌市、弱市也适合做 T+0。

（4）大盘分时连拉 3 波，开始调整的概率很大。

（5）T+0 操作的核心是均价线，股价在均价线上方远离均价线的时候做空，股价在均价线下方远离均价线的时候做多。

（6）满仓持股进行 T+0 操作，胜过中线一直持股不动。

（7）满仓被套的人如果不想割肉，应该经常做 T+0 交易以摊低成本。

（8）想做好 T+0，就要多研究分时图。每天看几百张分时图，多研究自己所持股票的波动规律以及大盘和板块的波动节奏。

（9）应用“中线满仓，天天做 T+0”这种思路的前提，是中期看好大盘和个股。

（10）围绕一只股票做波段和 T+0 交易，这两种方法各有利弊。波段操作主观性强些，难度大，有时候容易亏损。

## 第二节　T+0 交易选股标准

投资者想做好 T+0，首先要做的就是选股。选股是投资者应用自身掌握的分析方法从全部可交易品种中选出目标交易品种的过程。不同的分析方法会选出不同的品种，投资者要结合自身的条件，选出适合自己的交易品种。

选股的一般方法如下。

第一，查看涨跌排行榜。

查看当日涨跌幅排行、即时涨跌幅排行、板块分类涨跌幅排行、地区分类涨跌幅排行等。

第二，看 K 线走势图。

K 线走势图是以 K 线形式为主的参考图谱，反映了股指或股价的即时动向、历史走势状况、内在实质、涨跌数据等，是技术分析派人士的重要参考依据。无论短炒长做，最好学会看图定策略。尤其是月 K 线图，一般都潜藏着个股后市的可能走势，对进出决策会有很大的帮助。

第三，判别大行情。

这是散户选股的一个重要技巧。判断对了，可以事半功倍，坐享行情涨升带来的喜悦。判断错了，高位被套，则会遭受资金贬值、亏损割肉的打击。不管短线还是中长线操作，对大势的判断都非常重要，长线操作要判断个股的质地，中线、短线操作要判断大盘的可能走势。一般情况下，个股的大势比大盘的大势更为重要。

### 一、依据换手率选股

依据换手率选股，对投资者进行 T+0 交易非常重要，接下来对此进行详细的介绍。

换手率也称周转率，是指股票在一定时间内转手买卖的频率。换手率是反映股票流通性强弱的指标之一，可以有效地帮助交易者识别一只股票的活跃度。

换手率 = 某一段时期内的成交量 / 发行总股数 ×100%

在我国，换手率 = 某一段时期内的成交量 / 流通总股数 ×100%，因为中国的股票分为可在二级市场流通的社会公众股和不在二级市场流通的国家股和法人股两个部分。一般只对可流通部分的股票计算换手率，以便能更真实、更准确地反映股票的流通性。

例如，某只股票在一个月内成交了 3000 万股，该股票的总股本为 1 亿股，股票的流通股本为 3000 万股，则其在一个月内的换手率是 100%。

一般来讲，新兴市场的换手率要高于成熟市场的换手率，其根本原因在于新兴市场规模扩张较快，新上市股票较多，再加上投资者投资理念不成熟，使新兴市场投机交易较为活跃。

同时，换手率的高低还取决于以下几个方面的因素。

（1）交易方式。证券市场的交易方式经历了口头唱报、上板竞价、微机撮合、大型电脑集中撮合等从人工到电脑的各个阶段。随着技术手段的日益进步，技术功能的日益完善，市场容量、交易潜力得到日益拓展，换手率也随之大幅提高。

（2）交收期。一般而言，交收期越短，换手率越高。

（3）投资者结构。以个人投资者为主体的证券市场，换手率往往较高。以基金等机构投资者为主体的证券市场，换手率相对较低。

换手率高低不仅体现了个股在特定时间内的换手充分与否，以及交投的活跃状况，更重要的是，它还是判断和衡量多空双方分歧大小的一个重要参考指标。换手率低，表明多空双方意见基本一致，换手率高，则表明多空双方意见分歧较大。

在了解了换手率的有关内容之后，接下来具体探讨一下换手率对 T+0 选股的作用。

（1）波动较大且换手率较高。

高换手率的个股，一般价格波动较大，投资者在进行 T+0 交易的过程中，容易获得足够的盈利空间。

如果个股具备较大的换手率，那么可以判断个股更容易在开盘价格上出现跳空，并且分时图中股价会更活跃。即便收盘价格涨跌幅有限，价格振幅也会较高。T+0 交易过程中，交易者不需要关注收盘价格的位置，而是更看重价格能够达到多么低的价格底部，或者说价格能够达到多么高的价格顶部，因为价格低点是买入的位置，价格高点是卖出的位置。

（2）主力介入且换手率较高。

主力介入的情况下，个股换手率一般会升高，投资者在进行 T+0 交易时，就容易获得更好的收益。

主力资金量较大，买卖股票的时候，会有更多的股票完成换手。主力控盘的个股，价格走势会更加活跃，很容易在分时图中出现较大的波动。选择高换手率的个股高抛低吸，相对来说更容易获得较好的收益。

换手率较高的时候，流通股得到更多的转手，价格走势也会趋于活跃。一般来讲，一个交易日中流通股份中的 5% 实现换手，就表明投资者参与交易非常积极，价格波动空间自然也会比较高。这个时候采取 T+0 的交易策略，会更容易获得成功。

（3）持续稳定在 5% 的换手率。

当换手率稳定在 5% 上方的时候，价格走势趋于活跃。如果考虑在价格低点买入股票，自然容易盈利。实际交易中，当股价趋于活跃的时候，任何分时图中的价格低点都很容易提供 T+0 交易的买点。同时，考虑到股票价格走势较强，分时图中价格容易出现高位，短线低吸的盈利机会也容易捕捉。

当换手率稳定在 5% 的时候，股价走势会趋于活跃，因此交易机会也会不断增加。对于 T+0 交易来讲，可以更好地捕捉价格波动的机会，在分时图中的价格低点买入股票，同时在当日价格高位卖出股票，以完成整个交易过程。

（4）突破 5% 的换手率。

当换手率强势突破 5% 以后，股票价格走势快速活跃起来，在这个期间很容易形成涨停走势。对于 T+0 交易而言，这是个非常好的交易时段。股价波动空间较大，价格表现强势的情况下，价格高位和低点的距离较大，提供了很好的 T+0 买卖机会。

在实际交易中，投资者选择换手率处于 5% 以上的个股，T+0 交易的成功率会更高。即使判断出现失误，也不会出现太大的风险。

## 二、股价横盘期间选股

横盘又称盘整，是指股价在一段时间内波动幅度较小，没有明显的上涨或下降趋势，股价呈现牛皮整理。该阶段的行情振幅小，方向不易把握，是投资者最迷惑的时候。

股市震荡是众多投资者最头痛的一件事情，股价一涨一跌，一得一失，都让身处其中的投资者备受煎熬。震荡行情又分为低位震荡、中位震荡、高位震荡、上升行情震荡和下跌行情震荡。

（1）在低位震荡行情中，投资者应多关注买入信号，卖出信号可以适当忽略。一旦低位震荡结束，迎来的将是一段时间的拉升，因为此时价格已经在低位了，继续下跌的可能性较小。

（2）对于中位震荡行情来说，涨幅变大后可及时卖出，有上涨势头时可及时买入，因为此时上涨、下跌谁都无法预测。

（3）在高位震荡，即股价已经拉升到一定高度，可能前面已经经历了几轮震荡，形成一个整体向上的波浪线。这时买入的风险相当大，但是由于接近最后的拉升阶段，股价震荡的幅度将非常可观，可以说此时高风险与大机遇并存。

（4）上升行情中的震荡，一般来说，这类股票都有一定的上升规则。当上升到上面明显存在高压时，可及时卖出。

（5）在下降通道中运行时，如果不是短线高手，建议最好不要操作，此时大的走势是下降趋势，贸然入场很可能被套，只能寻求震荡时的差价。

接下来具体探讨一下股价横盘期间进行 T+0 操作的选股方法。

（1）弱势波动低位横盘。

当股价在价格低点横盘运行的时候，股价波动空间有限，投资者超短线交易的机会不多。这个时候，投资者对 T+0 交易的盈利预期不应太高。由于股价波动幅度很难达到预期，投资者如果进行 T+0 交易，很可能做不出盈利的空间。

（2）强势波动低位横盘。

当价格在低位强势横盘的时候，股价波动空间提供了 T+0 交易的机会。价格双向波动的时候，投资者有机会在分时图的价格低点买入股票，同时在高位做空，完成 T+0 的交易过程。

（3）强势波动高位横盘。

当价格处于高位运行的时候，股价波动空间较大，投资机会就出现在价格短线走强的阶段。对于超短线的 T+0 交易者而言，尽可能把握好分时图中价格回调的机会建仓，以期获得超短线利润。只要股价在波段行情中具备足够的波动空间，那么价格低点和价格高点之间的交易机会就会很多。

### 三、根据成交量选股

成交量是指在某一时段内具体的交易数量，它可以在分时图中绘制，包括日线图、周线图、月线图甚至是 5 分钟、30 分钟、60 分钟图中绘制。市场中成交量的变化反映了资金进出市场的情况，是判断市场走势的重要指标，但在国外成熟市场，成交量主要用于印证市场走势。

一般情况下，成交量大且价格上涨的股票趋势向好。成交量持续低迷时，一般出现在熊市或股价整理阶段，此时市场交易不活跃。成交量是判断股票走势的重要依据，对分析主力行为提供了重要依据。投资者对成交量异常波动的股票应当密切关注。

个股成交量长期减少，是股价走势开始低迷的信号。如果在大盘缩量状态下出现缩量的话，这个信号会更强。一般来说，股价上涨可以通过大的成交量或成交量逐渐放大来确认其走势。

成交量情况是股票对股民吸引程度的真实反映，当股民看好某只股票时，就会有很多人买入，持有该股票的股民会持股待涨，从而推动股票价格上涨。

同理，如果对该股票不看好，持股的股民便会卖出，空仓的股民也不会主动买入，从而推动股票价格下跌。

市场是各方力量相互作用的结果，虽然说成交量比较容易做假，控盘主力常常利用广大散户对技术分析的一知半解而在各种指标上做文章，但是成交量仍是最客观的观察要素之一。

在对成交量有了一定的了解之后，接下来具体探讨一下成交量对 T+0 选股的作用。

（1）持续放量。

持续放量是股价上涨前的一个明显特征，是指一只股票在震荡整理过程中，忽然出现了接连的放量，这时候股价也会出现一定的上涨。但是出现这种情况时，并不能说明股价就会进入拉升期了，因为有时这种情况是主力持续地大举吸筹引发的。但主力持续大量吸筹，说明这只股票离上涨阶段不远了。投资者一旦发现这种情况，可以及时介入该股，在盘中反复做 T+0 交易，因为此时即使是主力震仓，盘中同样也会有可观的差价收益。

（2）突然放量。

突然放量同样是个股上涨前的一种征兆，但是由于放量往往比较突然，这时爆出的成交量过大，尽管股价出现了明显的上涨，但上涨的可持续性往往较差。这是因为放出大量，推动股票拉出中阳线后，往往因短期获利盘的突然出现引发获利回吐，股价很快就会出现回落。

（3）缩量下跌。

缩量下跌是指股票价格或大盘指数在下跌的同时，成交量相对前几个交易日出现明显下降。对于个股而言，这种情况往往是主力为了吸货刻意打压股价，使得散户不敢贸然买入造成的，主力如此控盘目的就是为了在拉升前不让散户跟进。投资者一旦发现这种情况时，应当及时买入这只股票进行 T+0 交易。

## 第三节　T+0 交易注意事项

投资者在 T+0 实战操作过程中，要面临许多不确定性，比如突发的利好使得股价从跌停价直接拉到涨停价，或者突发性的利空使股价直接从涨停价跌到跌停价，这就需要投资者具备过强的心理素质。

进行 T+0 操作时，要果断把握买卖时机。如果时机出现了，自己却没有把握好，同样不会取得成功。当没有出现交易机会时，要耐心等待，不要盲目出击。

需要注意的是，通常在股价强势上升过程中，开盘是最佳的买入时机。在震荡上扬的过程中，急跌也许是最佳的买入时机。投资者在买入操作时，最好分批进行。当天第一次买入后，如果继续下跌，当没有出现较大的差价时，最好不要继续买入，否则在真正的机会出现后，反而会出现资金不足的现象。

要想使 T+0 交易战术能够得到良好发挥，投资者无论是在技术层面还是在心理层面上，都要时刻保持冷静和平和的心态，这样才能充分发挥出优势。

通过以上种种讲解，投资者在进行 T+0 操作时，必须遵守 T+0 的交易规则，否则 T+0 操作可能会出现大幅亏损。

下面具体谈一谈 T+0 交易的注意事项。

（1）T+0 的交易机会应该在盘中把握，一般不要持股过夜。如果持股超过了一夜，行情极有可能会发生变化，影响接下来的操作。比如，在震荡行情中，当日的 T+0 操作本来是运用 T+0 顺向操作先买后卖的，如果投资者没能在当日卖出，而是持股过夜，第二天行情出现突变，次日仍然是按 T+0 顺向操作先买后卖，那么投资者将无法在当日实现新的获利。

（2）开盘前先考虑当天的最大振幅，设想可能的收盘状态。

股票当天的振幅对投资者来讲非常重要，因为其涉及直接的收益。如果投资者没有预测，就容易措手不及。因此，投资者在交易前一定要有操作的计划，这样才能获得最大的收益。

（3）开盘时预判可能走出哪种走势形态。

在股市开盘前，投资者一定要根据股票的 K 线图等技术指标预判当天股价将会走出什么形态，这样在开盘后，才能根据盘中的行情变化及时做出应对。

（4）提前考虑自己的介入点位。

介入一只股票时，投资者需要依据技术指标的指示。如果投资者能够提前考虑今天在什么点位介入，那么一旦出现买入时机，就能够及时准确地把握住行情。

（5）严密观察盘面的演化，在将要出现大波动时做好下单准备。

股市变化无常，每天的行情也是如此。尤其是行情即将或是可能出现重大转变时，投资者一定要及时关注盘中的变化，对盘中变化及早做出准备。

（6）股价急跌之后一般有急涨的可能，只要当天日线判断为风险不大的形态，便可进场搏反弹。

需要注意的是，当一只股票出现急涨时，如果量能不能跟上，那么也很容易出现快速回落的情况，此时投资者同样可以在盘中做 T+0 操作。急涨的情况往往出现在那些不断创新高的个股身上。

（7）如果日线 K 线组合是稳定向上的，可以在开盘后再次上行时介入。

如果趋势向好，开盘后个股平开或是略有低开，往往开盘价就是当日盘中的最低价，此时投资者可以果断买入，待股价冲高后再卖出。

（8）如果开盘后是下跌行情，就要等行情反弹之时再考虑买入。

如果股价没有出现放量反弹时，投资者很难判断此时是不是盘中的低点。此时很可能下跌还未结束，贸然买入极有可能造成亏损，给后来的卖出造成困难。

（9）下单时无论买与卖都要多一个价位，以免因系统时滞不能成交。

很多老股民都明白，多一个价位也就是给自己做了一个备份，能让自己的成功多一份保障。

（10）在交易机会来临时，可以先把订单的其他要素填好，只留下价格一栏进行跟踪。这样做的目的是一旦确定好买卖点后，可以随时输入价格进行委托。由于个股瞬间价格波动很快，投资者在选择买或卖的价格时，最好以当时炒股软件上显示的现价进行委托，这样才能达到快速成交的目的。如果过分计较一两分钱的差别，投资者极有可能错过买点或卖点，使交易无法成功。

（11）买入成功后，投资者应马上填写好卖单，只保留价格一栏空白，然后跟踪盘面走势，等待确定卖出价格。

实战中，交易机遇转瞬即逝，可能刚刚还是卖点，一转眼卖点就成为买点了。因此，提前准备好委托单，才能做到有备无患。

（12）如果行情是上涨走势，就要跟踪价格走势并不断上移卖价。如果行情是下跌走势，应当选择止损卖出，等待新的机会再重新执行买入操作。

行情是在不断变化之中的，谁也无法准确地预知行情，投资者应当根据实战中具体的行情演变，不断调整自己的操作方式与方法。

（13）1 分钟 K 线图中的均线组合，对套利和止损的指导意义很大，5 分钟 K 线图中的均线组合可以指导当日的操作机会。

T+0 交易毕竟属于短线操作，因此，不仅是 1 分钟与 5 分钟 K 线图中的指标，所有的短线技术指标，投资者都可以拿来进行参考，以确保交易成功。

（14）行情急跌之后，如果买单较少，通常马上会出现上涨。因此，投资者如果发现盘中买单减少时，应当准备买入。当股价涨高后，发现卖单较少时，则可以考虑准备卖出。因为股价涨得过高，卖单较少，有时并不是投资者惜筹心理在发挥作用，而是主力正在利用小单卖出，因此行情极有可能会出现突变。

（15）买单与卖单都较多时，股票价格变化会很快，更适宜 T+0 操作。

买单与卖单都较多，说明个股交易很活跃，盘中短线变化概率会加大，在做 T+0 交易时，投资者可操作的空间相应加大。如果大单过多，或是盘中成交量过大时，投资者应当小心交易。

（16）买单与卖单都较少时，投资者最好采取观望的态度，冷静选择最低价位买进，价位高时果断卖出。这是因为市场交投过于清淡，股价出现上涨或下跌都可能是虚假的行情，即使出现大涨或是深跌，持续时间也不会长久，所以应当把握好时机，选择快进快出。

（17）投资者在判断行情走势和下单时，如果能在 30 秒内完成，可以实盘操作 T+0。在进行模拟训练时，应当要求自己在 10 秒内完成以上动作，以确保交易的速度。

（18）每次操作前，投资者应当看看个股是否有足够的操作空间。如果没有，就耐心等待时机，不要勉强操作，否则很容易出现失误。

（19）投资者在进行 T+0 操作时，一定要尊重趋势。一般来讲，即使是走出独立行情的个股，过后依然会回归到大趋势中。

## 第四节 T+0 交易纪律

遵守纪律远比学习技术更困难。掌握炒股技术容易，遵守交易纪律困难。良好的自我控制能力，遵守纪律的好习惯，是在无数次的买卖中磨练出来的。没有铁的纪律，就难以操作 T+0。要想在股市赚钱，就必须遵守交易纪律。

### 一、T+0 交易一般要求

（1）当上升达到一个高点，将要发生回撤时，要回避接下来的大幅下跌，因为这样的下跌一般是不回头的，杀伤力很大。

（2）操作次数和每天的震荡次数、震荡幅度有关系，和自己的可操作仓位有关系，资金量能够对一只股票完成 2 次的买入和卖出比较理想。

（3）必须严格设立止损，不能因为下跌而不卖，否则股票越做越多，成本越做越高。

（4）一定要做自己熟悉的个股，自己不熟悉的个股千万不要去操作。

（5）判断大盘趋势，大盘走势关系到个股的发展方向。

（6）T+0最忌的就是追涨杀跌，和做权证不同，因为你买入的部分今日不能卖出。

做T+0的要点就是不追高操作，而是潜伏操作，或者遇直线拉升卖出，回落时再接回。

## 二、T+0的交易纪律

交易纪律之一。

（1）严格执行高抛低吸的操作纪律。

（2）坚决贯彻不追高不追涨的交易纪律。

（3）严格执行已设定的操作仓位（1/2或1/3）控制纪律。

（4）加仓纪律：补仓一定要等成交量萎缩以后再补仓，不能刚刚下跌就加仓。

交易纪律之二。

（1）熊市下跌趋势中不手痒。

（2）牛市上升趋势中不做空。

（3）初跌不抢反弹。

（4）牛头牛身大胆满仓（股票重仓或轻仓应视行情走势或自身的把握程度作出调整）。

（5）牛尾熊初大胆空仓。

（6）方向看错做错及时止损止盈，纠正错误。

交易纪律之三。

（1）精选一只股票，不买一大堆。

（2）先建少量底仓，分批低吸。

（3）狂拉时别忘了高抛，见好就收，抛出后再换股操作。

（4）早上一般不重仓买入股票，但可以建底仓，跳水时按纪律补仓。

（5）个股建议低吸高抛，不要死拿，以免坐过山车。

还要提醒一点，不要指望买在最低点，卖在最高点，这个只有神仙才能做到。高抛应分批抛，低吸应分批吸，免得买卖都后悔。“人在股市飘，哪能不挨刀。”接到飞刀不可怕，之后可以通过 T+0 操作或者补仓自救，但是 T+0 操作或补仓必须遵守纪律，以免做 T+0 变成补仓，越补越亏。

**三、T+0 的交易原则**

第一，一定要设置止损并坚决执行！宁可错过，不要大错！

T+0 交易制度对所有投资者都是公平的，它给了大家买入的机会，也给了大家随时纠错的机会。只要发现买入错误，一定要及时止损，切不可心存幻想，抱有侥幸心理。

第二，一定要顺势而为，切忌逆势交易。

趋势是投资者最好的朋友，投机的核心在于尽量回避不确定的走势，只在明确的趋势中进行交易，这样才能增加胜算。赚钱在其次，资金安全永远是最重要的。

第三，一定只做当时的强势标的，并保持灵活敏捷的思维，随机应变。

每天开盘后，根据开盘的量价关系及成交密度，判断当天的强势标的。俗话说，“擒贼先擒王”，只有抓住龙头股，才能取得超越大盘的收益。

第四，强者恒强，弱者恒弱。涨幅大者波段多，振幅小者波动弱。

第五，快速分析持有个股的后期走势。

紧盯趋势和量价关系，多看盘口大单对股价的影响。大单吃进，后市必涨，大单抛售，后市必跌。天量必是天价，要上涨量能得持续。盘中参与的放量买点更要紧盯成交量，量缩必跌。

第六，克服恐惧心理和贪婪心理，看清趋势再出手。在波动较小，趋势不明时，减少操作频率。

有经验的高手，对操作 T+0 总结出了以下方法。

首先，观察股价拉升的角度和量能、盘口。如果是震荡上行的话，就一直拿着，因为上行过程中波动的差价很小，无法做波段。如果是急速拉升，就在拉高无力时先获利了结，待整理到均线附近时再次出手。如果是缓慢拉升，证明主力必将有大动作，可持有到快速拉升后，在盘整的相对低点再买入一半。如果继续回调，再补一半仓位。这里有一点很重要：跌破均线要止损。

# 第二章
# T+0 操作策略

根据 T+0 交易方向的不同，可以分为顺向 T+0 交易和逆向 T+0 交易两种。顺向 T+0 交易的方向是：先买进再卖出，交易过程是低位买进，高位卖出。这种方式一般运用在股价处于相对低点并开始向上拐头时，在低位买入股票，然后在震荡走高时将股票卖出套现，获取 T+0 交易的收益。

逆向 T+0 交易的方向是：先卖出后买进，交易过程是高位卖出，然后在低位买进补仓。这种方式一般运用在股价处于相对高位的时段，此时将持有股票的部分或全部卖出，然后等到股价回调到有利可图的低点时买入，保持原来的仓位不变。

进行 T+0 操作，必须迅速了解引发当日股指涨跌的政策面消息，以及个股基本面和股性的活跃程度。

T+0 短线交易，除了有看盘条件及时间外，还应有短线操作的经验与应变能力，懂得 10 分钟、30 分钟、60 分钟均线之间的相互联系。要做到分析快、决策快、下单快，以免赚得太少或再度被套。

T+0 的交易策略是以赚取短线利润和摊薄股票持仓成本为目的，切忌贪心。一旦股价涨到上挡阻力位置，就要立刻落袋为安，确保当日的盈利果实。

# 第一节　T+0 的操作方向

根据操作方向，T+0 操作可以分为顺向（正向）T+0 操作和逆向（反向）T+0 操作两种。根据获利还是被套时期实施 T+0 操作，可以分为解套型 T+0 操作和追加利润型 T+0 操作。

## 一、顺向 T+0 操作

（1）顺向 T+0 操作的含义。

所谓顺向 T+0 操作，是指投资者看好个股走势，在股价仍处于低位时首先介入，然后在高位卖出。

也可以指投资者买入并持有一只股票，但由于股价迅速低开低走，从而给自己带来一定的损失，为了弥补损失，在低位买入与已持有股票数量相同的股票，等待股价反弹之后，再将补仓买进持有的股票卖出，从而规避风险。

（2）顺向 T+0 的适用范围。

第一，股价低开低走，但认为后市会上涨。

第二，股价平开且走平，但认为后市会上涨。

第三，持仓已经有盈利，但认为股价还有上涨空间，同时又担心有风险。

第四，防止第二天出现利空而低开，所以在盘中日间运作一番，最后轻仓过夜。

（3）顺向 T+0 的具体操作方法。

第一，当投资者持有一定数量的被套股票后，某天该股严重超跌或低开，可以趁这个机会买入同等数量的同一股票，待其涨升到一定高度之后，再将原来被套的同一品种股票全部卖出，从而在一个交易日内实现低买高卖，获取差价利润。

第二，当投资者持有一定数量的被套股票后，即使股价没有严重超跌或低开，也可以在该股盘中表现出明显上升趋势时，买入同等数量的股票，待其涨升到一定高度之后，再将原来被套的同一品种股票全部卖出，从而在一个交易日内实现平买高卖，获取差价利润。

第三，投资者持有的股票没有被套牢，而是已经出现盈利，如果投资者认为该股仍有涨升空间，可以使用 T+0 操作，在股价大幅涨升的当天通过购买双倍筹码来获取双倍收益，以争取利润最大化。

**二、逆向 T+0 操作方向**

（1）逆向 T+0 操作的含义。

所谓逆向 T+0，是指投资者已经持有一只股票，该股高开高走，已经产生了一定的利润。俗话说，“天有不测风云”，为了保住利润，同时又不错过股票后市上涨的机会，所以在大涨的位置先将已经持有的股票卖掉，然后等股票回落到一定低位时再择机买入，这一过程就是逆向 T+0 操作。

（2）逆向 T+0 的适用范围。

第一，股价高开高走，但认为当天会下跌。

第二，股价平开且走平，但认为当天会下跌。

第三，持仓已经有盈利，为了保住盈利并规避风险。

第四，持仓已经产生亏损，且判断股票会继续下跌，可以在下跌前卖出，然后等待下跌完成之后再择机买入。

（3）逆向 T+0 的具体操作方法。

逆向 T+0 的操作技巧与顺向 T+0 操作技巧极为相似，都是利用手中的原有筹码实现盘中交易，两者唯一的区别在于：顺向 T+0 操作是先买后卖，逆向 T+0 操作是先卖后买。顺向 T+0 操作需要投资者手中持有部分现金，如果满仓被套，则无法实施 T+0 交易。逆向 T+0 操作则不需要投资者持有现金，即使投资者满仓被套，也可以实施 T+0 交易。

具体操作方法如下。

第一，投资者持有一定数量的股票后，某天个股受突发利好消息的刺激，股价大幅高开或急速上冲，可趁机先将手中被套的筹码卖出。待股价结束快速上涨并出现回落后，再将原来抛出的股票全部买进，从而在一个交易日内实现高卖低买，获取差价利润。

第二，当投资者持有一定数量的股票后，如果该股没有出现因利好高开的走势，并在盘中表现出明显的下跌趋势时，可先将手中持有的筹码卖出，然后在较低的价位再买入相应数量的股票，从而在一个交易日内实现平卖低买，获取差价利润。这种方法只适合盘中短期仍有下跌动能的个股。对于下跌空间较大，长期下跌趋势明显的个股，仍然以止损操作为主。

第三，当投资者持有的股票已经出现盈利时，如果股价在行情中上冲过快，随后会出现正常的回落走势。投资者可在其上冲无力时先卖出获利筹码，在股价出现恢复性下跌时再次买回，通过盘中 T+0 操作，争取实现利润最大化。

## 第二节 T+0 交易策略

很多投资者喜欢长期持股，由于中国股市牛短熊长，这样就造成经常处于被套的情况。如果只是一味地持股，只能被动等待股价上涨来解套，这样就会错过很多赚钱的机会。如果个股出现深幅调整的话，也会在无形之中拉长投资者的持股时间，而割肉又会造成一定的损失。在这种情况下，适当进行 T+0 的交易，是减少亏损的一种有益方式。

T+0 交易可以让投资者在一段行情中获利倍增，又可让投资者被套时实现减亏或早日解套。

### 一、T+0 交易解套策略

利用 T+0 交易解套时，应当根据股票的实际走势情况采取不同的 T+0 操作方法。比如，当投资者持有的套牢股票在盘中表现出明显的下跌趋势时，这时可以先将手中被套的股票卖出，然后在较低的价位买入同等数量的股票，从而在一个交易日内实现高卖低买，利用逆向 T+0 的交易方式达到解套的目的。

当选择的股票在盘中表现出明显的上升趋势时，可以趁机在低位买入一定数量的股票，待其涨升到一定高度之后卖出，从而在一个交易日内实现低买高卖，获取差价利润。这是利用顺向 T+0 交易实现获利倍增的目的。

下面通过案例来进行简单的说明。

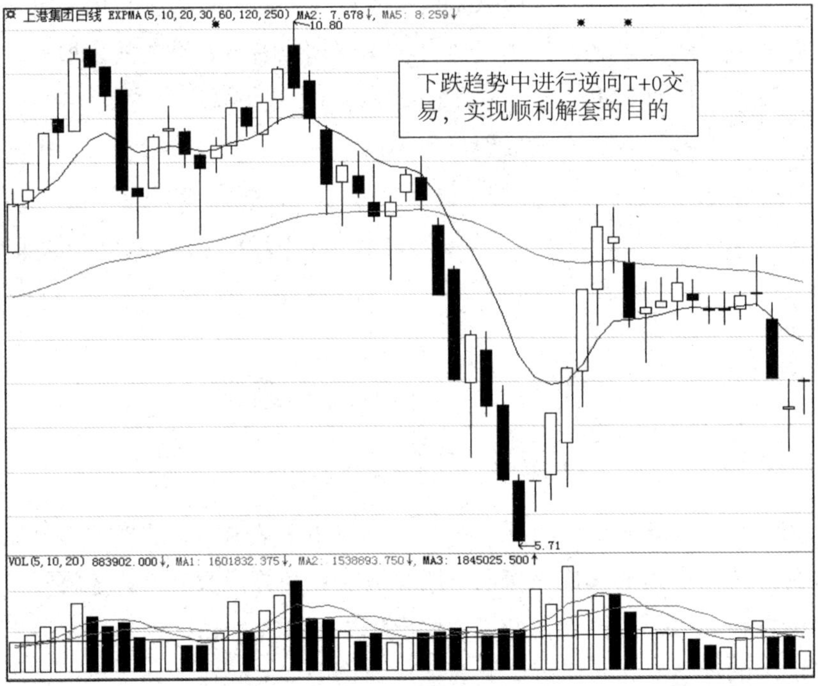


图 2-2-1

图 2-2-1 是上港集团（600018）一段时间内的走势图。投资者若是在早期买入个股，就会面临被套的风险，因为股价在后期出现跟随大盘接连下跌的走势。此时，投资者就可以利用逆向 T+0 的方式进行反复操作来解套。

因为个股处于空头趋势中，在盘面上出现一路下跌，往往开盘价基本上就是当日的最高价。因此投资者的交易方式就是先在开盘时卖出股票，当深跌时再接回来。如此一来，即可在持股量不变的情况下，赚得单日的利润。如此反复操作，即可实现顺利解套。

若是投资者对所持股票很有把握和信心，认为该股具有中长线投资价值，那么也可以选择不对称操作，也就是全部抛出后再另行全仓买入，在摊低成本的同时，还增加了持股数量。如果后市出现持续下跌，再如法炮制。这样做的好处是在投入不变的前提下，在下跌中不断增加持股数量，同时还可以摊低持仓成本。

还有一种方式比较适合谨慎心细的投资者，那就是半仓滚动操作，方法与上面相同，但不是全仓进出，而是半仓进出。这样操作的优点是可以防止判断出错，万一出现判断错误的情况，手中仍有半仓股票半仓现金，操作起来比较灵活，进退两便。

还有一种解套方法更适合于在上涨行情中使用，因为即使是大牛市，盘中也会有很多个股走出与大盘不对称的下跌走势或是短期调整行情，这时候，投资者只需在低位时承接，在高位时卖出，如此反复数次后，手中的股票很快就解套了。

（1）上涨趋势中被套，投资者想解套并不难，只要按顺向 T+0 交易数次之后，很容易就会逃出来。出现这种情况时，因为行情走好，即使投资者当天未能把握好卖点，再次被套也不用担心，只要在次日高点及时卖出即可。

（2）如果是在跌势中被套，套牢程度往往是比较深的。这种情况下大多数时候不适合在盘中做 T+0 交易，因为一旦市场出现连续性下跌，在一天的交易过程中是很难有 T+0 交易机会的，这个时候应该采取全仓做空的手法。当自己手中的股票已经被深度套牢而且无法斩仓，同时又确认后市大盘或个股仍有进一步下跌的空间，可以先把套牢的股票卖出，然后在更低的位置再另行买回，从而有效降低持仓成本，并且增加手中的持股数。

（3）逆向操作时，一定要把握好股价运行的节奏，趁股价反弹时卖出，趁股价暴跌时买入。在熊市下跌途中，经常出现短暂的反弹行情和跳水式的暴跌行情，投资者要充分利用这种市场的非理性波动机会，最大限度地利用股价宽幅震荡提供的差价机会来获取利润。

经过总结归纳，T+0 解套有 4 个动作要领，也可视为 T+0 解套办法操作的四个条件。

要领一：闲。

这是 T+0 解套操作最基本的要求。T+0 要求一个交易日至少完成买卖两次交易。交易本身需要时间，更何况还要辅以看盘、判断、决策、下单等一系列过程，这就要求交易者有充足的时间来看盘。这也是 T+0 交易中其他几点要领的一个基本前提。

要领二：快。

T+0 操作过程包括看盘、判断、决策、下单等一系列动作，T+0 操作要求完成这些动作必须要“快”。股票一日内的振幅有限，最低价买、最高价卖只是理论上的理想状态，赚取差价的战机往往稍纵即逝，除去最高点、最低点，要想吃到更多中间段的差价，判断、决策和下单动作就必须要快。

要领三：熟。

T+0 操作的股票是自己手中已经持有的股票，一般来说对其基本面情况已经比较熟悉。进行 T+0 操作，对“熟”的要求更高一些，即要求在长期观察的基础上谙熟个股股性，同时又能配合观察大势及市场运行规律来进行操作。

要领四：戒贪。

贪婪是影响股市投资决策的“毒瘤”之一。对于 T+0 操作来说，获利空间极为有限，稍有利润即可操作，决不能贪心求大。

### 二、短线 T+0 交易策略

对于短线交易者来说，T+0 操作的目的是十分明确的，就是获利超短线利润。因为此时个股的趋势不明，操作风险很大，中长线持股面临的风险不可控，所以 T+0 操作的目的就是纯粹地获取超短线收益。在这种情况下，对于个股的长期走势要求不会太严格，只要存在日内介入的机会，风险可控即可。

在选择目标股上，最好选择前期涨幅相对较小，盘中交易活跃的个股，这样更有利于交易者每日盘中 T+0 交易做差价。

下面来看案例。

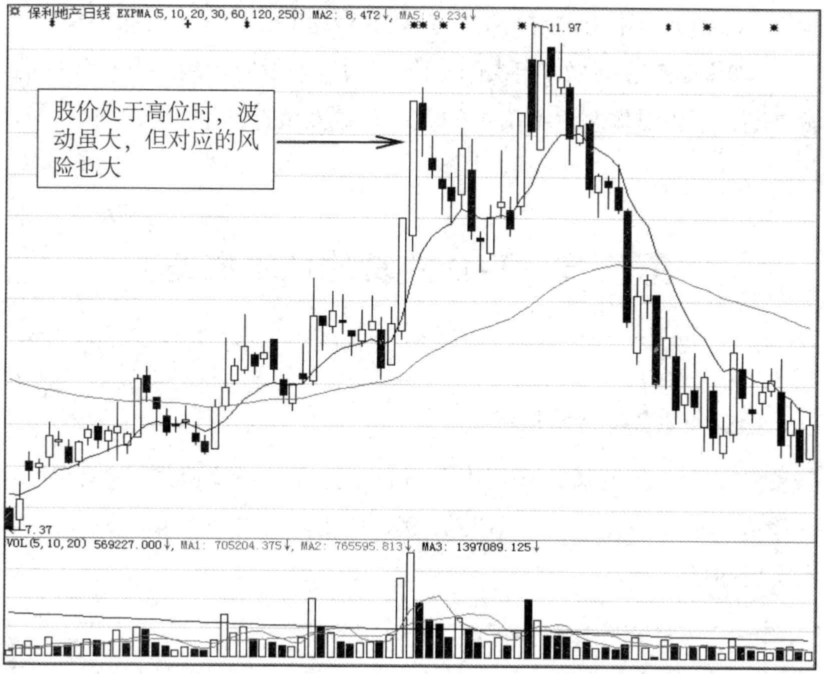


图 2-2-2

图 2-2-2 是保利地产（600048）一段时间内的走势图。从个股的整体走势中可以看到，当个股处于高位时，股价的波动幅度也相对较大，投资者做 T+0 交易的空间就较大，相应的，盈利的机会也就较多。

但其中也存在一些问题，当股价波动较大时，股价又处于高位，这时股价回落的风险就会更大。投资者要想获取更多的利润，又要避免买入后个股回落被套，就必须对存在的风险有清醒的认识，能够做到及时控制风险。

短线 T+0 的关键在于投资者一定要控制好投资风险。当然，一切操作都应当以控制风险为主，实战中投资者可以注意以下几点交易策略。

（1）短线 T+0 交易必须有足够的看盘条件及时间，同时应当具有短线操作经验与应变能力，懂得运用各种技术指标，能够做到分析快、决策快、下单快，免得错过机会或买入被套。

（2）短线 T+0 交易应以赚取短线利润与摊薄持股成本为目的，切忌贪心。

一旦股价上涨到上档阻力位时，应当立刻落袋为安，确保当日盈利果实。

（3）如果是被套后做 T+0 操作，解套后应当及时出局，分析大市的行情后再做决定，不要因贪恋 T+0 交易的微小收益而沉迷其中。

## 第三节 T+0 交易的技术准备

### 一、熟练使用各种技术指标

投资者做 T+0 的时候，一定不要盲目地操作，不要认为只要能看出股票当天的趋势就可以操作了，也不要认为 T+0 交易不过是在低点买入，然后选择高点卖出即可。

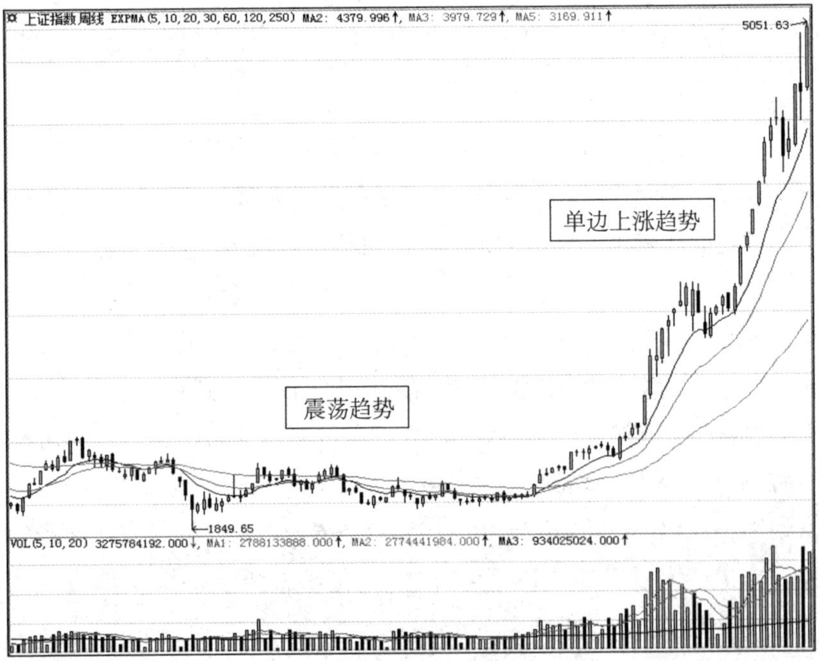


图 2-3-1

实际操作过程中，T+0 交易并不是那么简单的。股票的各种走势形成后，谁都知道这种行情应当如何去操作，可是在实战中，行情还在犹豫的时候，就很难判断了。投资者如果想要做 T+0 交易，首先必须熟练地使用炒股软件中的各种技术指标，根据这些指标提供的信号来指导操作。

股市中的技术指标很多，投资者需要一一地学习。当然，首先要学会看趋势，因为只有看懂趋势，才能指导操作。

图 2-3-1 是大盘指数一段时间内的周线走势，指数在这个时间段走出了不同的运行趋势。前期指数处于一个长期震荡和逐步走低的走势中，运行趋势相对不明朗，投资者可把握的机会也不是太多。经过前期震荡后，指数站稳在均线之上，开始单边上升走势。在这一时间段内，指数趋势明显，投资者买进即可获取不错的收益，是难得的获利良机。

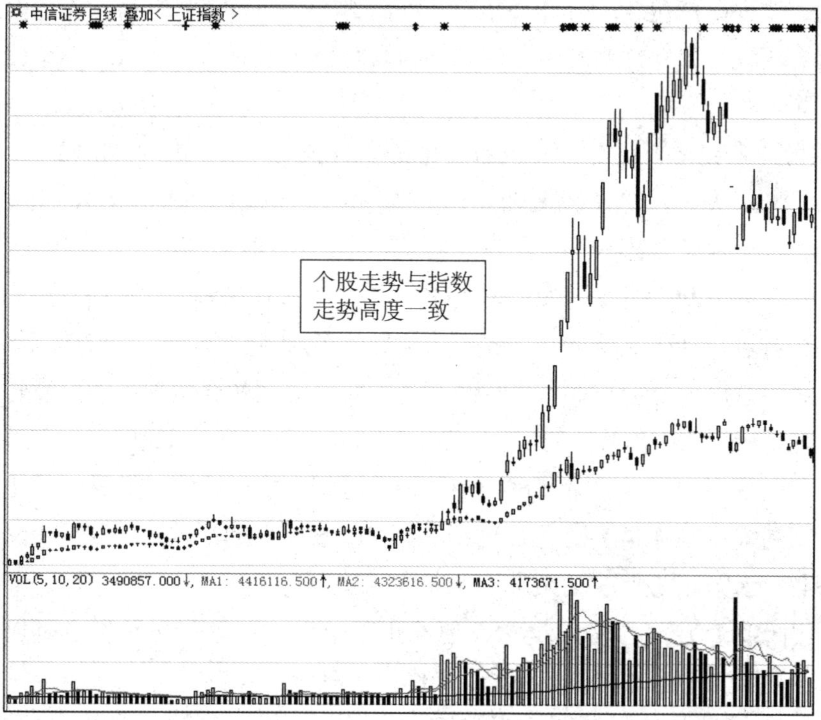


图 2-3-2

指数走势是市场的大趋势，会在很大程度上影响个股的走势，所以投资者在入市和介入个股时，首先要明白如何判断大盘趋势，以便制定相应的操作策略。在大盘向好时，可以选择盘中与大盘走势同步的个股去操作。一旦大盘出现单边下跌走势，就要减少操作甚至是停止操作。即使要操作，也应选择那些与大盘逆势运行、走出独立行情的个股。

图 2-3-2 是中信股份（00267）与大盘指数的叠加走势图。从图中可以看到，指数与个股在走势上呈现高度的一致性，在大盘走出盘整，开始进入上升走势后，个股的走势也摆脱盘整走势，启动长期上升走势。其中的区别在于个股走势强于大盘，这也是投资者操作个股时需要注意的，即要选择那些走势强于大市的个股。

在走势后期也能看到，个股与指数走势又同时出现回调。指数与个股走势的一致性自然包含上升和回落等不同阶段。当交易者发现指数上扬时，可以及时买进。同样，当交易者注意到指数行情不妙时，也要认识到个股存在的风险。

另外，交易者还要学会查看盘中的各种技术指标，比如 MACD、KDJ、RSI、DMI、W%R、TRIX、EXPMA、CCI、ROC、BOLL、SAR、TOW 指标等，这些指标分别代表着不同的意义，交易者可以一一地学习和掌握。

这里选取较为常用的 MACD 与 KDJ 指标来进行讲解。这两种指标在运行过程中都会出现金叉或死叉，提示了很好的买点与卖点。比如 KDJ 三条线中的 J 线一旦出现向上与 K 线、D 线交叉，股价往往就会出现一波上涨行情，很好地提示了买入信号。

图 2-3-3 是中体产业（600158）一段时间内的走势图。个股 K 线走势对应的买进卖出操作与 KDJ 形成的金叉死叉呈现高度的一致性，这样交易者就可以依据 KDJ 的金叉与死叉来指导交易。

当然，KDJ 的买进卖出意义还不止于金叉、死叉。交易者也可以参考 KDJ 的超买与超卖作出买卖决定，操作如案例图所示。

KDJ 指标出现金叉与死叉，对于研判个股行情起到辅助作用，在选择标的时也是一个很好的参考。MACD 指标同样可以为交易者的操作提供帮助。

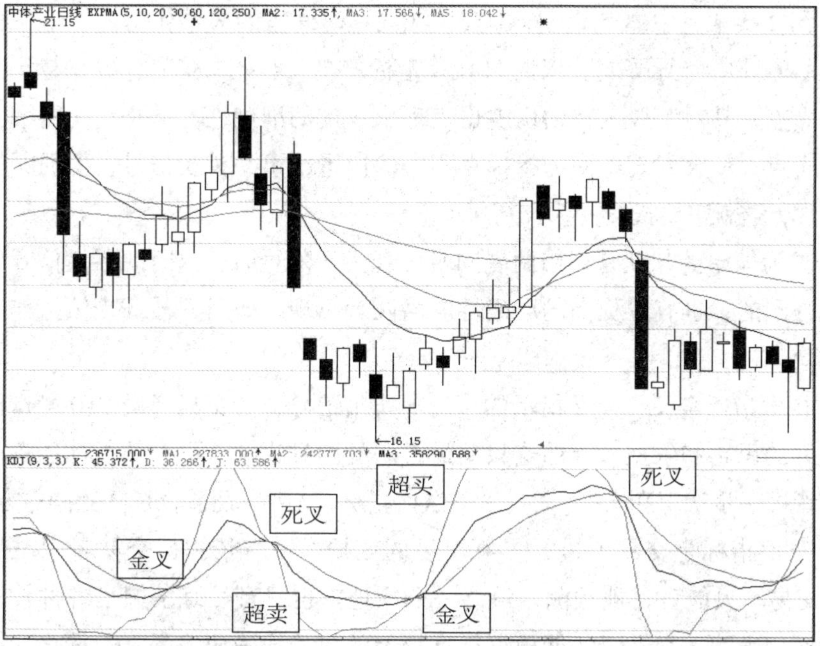
中体产业日线 EXPMA(5,10,20,30,60,120,250) MA2: 17.335↑, MA3: 17.566↓, MA5: 18.042↓
21.15
16.15
KDJ(9,3,3) K: 45.372↑, D: 36.266↑, J: 63.586↑
金叉
超卖
死叉
超买
金叉
死叉

图 2-3-3

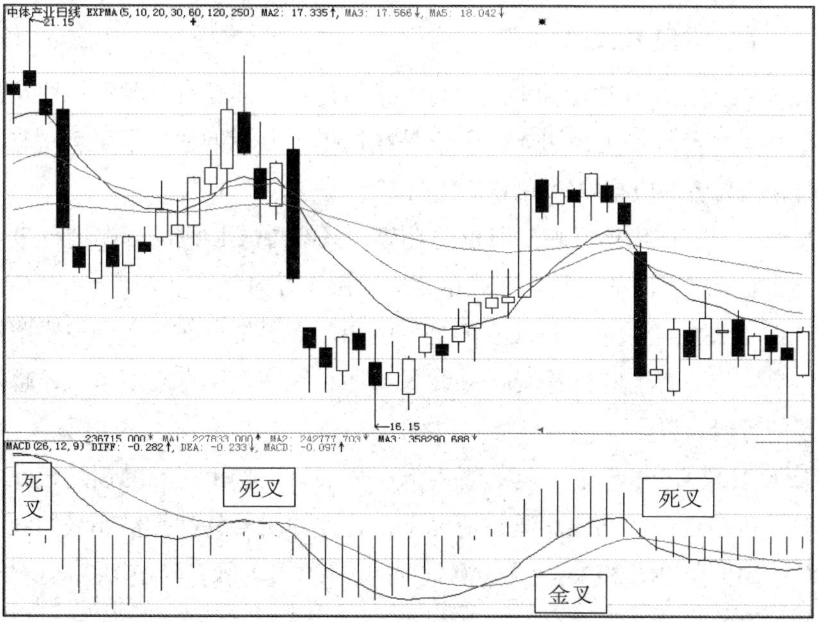
中体产业日线 EXPMA(5,10,20,30,60,120,250) MA2: 17.335↑, MA3: 17.566↓, MA5: 18.042↓
21.15
16.15
MACD(26,12,9) DIFF: -0.282↑, DEA: -0.233↓, MACD: -0.097↑
死叉
死叉
金叉
死叉

图 2-3-4

图 2-3-4 是中体产业（600158）在同一时间段的 K 线走势图，这一次使用 MACD 指标指导买卖。依据 MACD 指标的金叉、死叉信号，也能找到其中的买卖点，其对个股走势的反映也表现出一定的准确性。但是对比两幅图中的买卖点，就会发现不同的指标在不同的位置给出了买卖信号，依据哪种信号买卖，这就需要投资者综合判断了。

更为简单的判断是，当两者同时出现买入信号时，这时的买入信号无疑是较强烈的，也有着更高的准确性。当两者出现矛盾时，最好谨慎操作，控制风险。

技术指标金叉、死叉指示的买进与卖出信号，为交易者做 T+0 操作提供了很好的思路和依据。当然这只是最常用的两种指标，更多的指标还有待于交易者进一步认识和掌握，通过学习这些指标，从中发现适合自己的操作方法。

技术指标是交易者进行 T+0 交易的依据，没有依据，交易者很难进行 T+0 交易，只能盲目地预测，最终一败涂地。也只有熟练掌握了各种技术指标的运用方法，交易者才能根据指标提示的信号准确地找到 T+0 操作的买点与卖点。

## 二、真正看懂 K 线图

在 K 线图上，各种指标都显示得非常清楚，尤其是对个股中长期及短期的价格趋势，显示得更为明显。无论是在选择 T+0 标的股，还是盘中做 T+0 操作时，交易者都应当熟练使用 K 线图。

K 线图能够准确地反映出股价的趋势，只有看懂 K 线图，在进行 T+0 交易时，才能根据不同的趋势发展确定相应的操作方向。

在 K 线图中，大家看得最多的是日线图。如果是全面研究一只股票的中长期走势，交易者还应当看懂周 K 线图和月 K 线图。毕竟周期越长，越能看出股票的行情趋势。

从 K 线图上分析股价走势，并对未来发展方向作出正确的预判，就必须了解股票价格走势的均线。通常情况下，各种炒股软件都提供 5 日均线、10 日均线、20 日均线、30 日均线、60 日均线、120 日均线，其中均线周期越短，其代表的价格运行时间越短，反之则越长。

比如，5 日均线与 10 日、20 日均线，表达的是相对短期的价格波动，30 日、60 日与 120 日均线则代表更长周期内的价格波动情况。

图 2–3–5

图 2–3–5 是兴业银行（601166）一段时间内的 K 线走势图。K 线走势图中保留的两条均线就是 10 日短期均线与 120 日长期均线。当个股走势站稳 10 日均线时，说明个股走势短期向好。当个股走势站稳 120 日均线时，说明个股出现长期向好的走势。

实际操作中，当 5 日、10 日、20 日、30 日、60 日等 5 条均线全部出现向上的多头排列时，表明股价进入了强烈的上涨行情。当这 5 条均线全部呈现出向下运行的空头排列时，股价的运行趋势也是向下的。交易者做 T+0 操作时，最好选择 5 条均线向上多头排列的个股，操作这类个股更容易获得成功。

在 K 线图上，除了均线，交易者还可以结合各个技术指标的情况，比如

MACD、KDJ 指标等，综合研判个股的趋势方向。

交易者还可以点击 K 线图上的各个柱线，查看当日的分时图走势，以及每个交易日的开盘价、收盘价、盘中最低价与最高价，并结合当日或是某一时间成交量的情况，综合研判个股在盘中上下波动的幅度，这些工作都有利于选择标的股进行 T+0 交易。

依据分时图走势，交易者可以进行分时 T+0 操作。对于分时 T+0 操作的要求，后文会详细讲解。

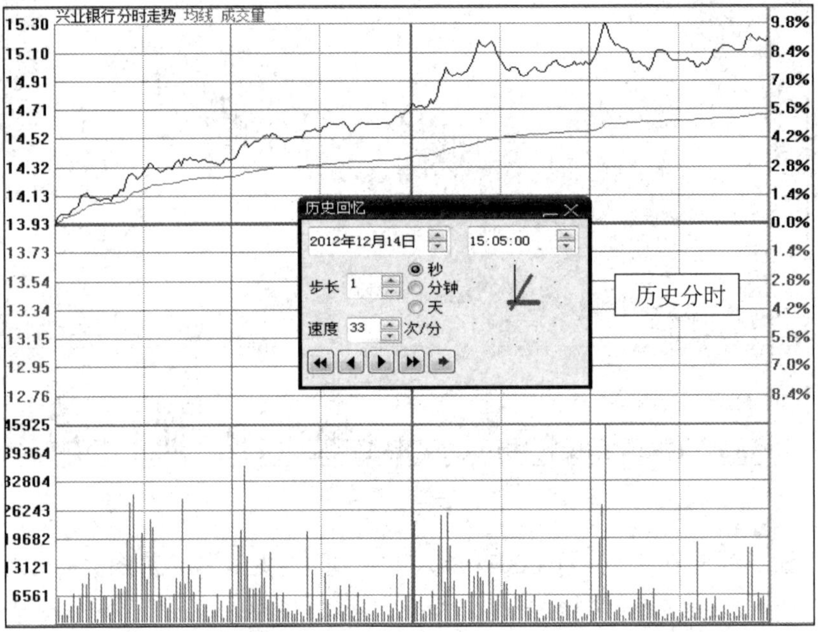


图 2-3-6

了解个股的历史走势，可以对现下的操作起到辅助作用，毕竟历史会重演。

根据 K 线形态，可以判断股价的后市走势，从中发现买卖信号。比如，当个股出现某些特殊图形时，后市是上涨还是下跌，或是震荡整理，或是趋势发生反转等，据此可以更有效地进行 T+0 操作。

以往的 K 线形态，往往会给交易者次日进行 T+0 操作提供很大的帮助。

比如，一只股票在进行平台整理时，突然出现一根大阳线，随后又出现了一根十字星或阴柱，则意味着股票拉高后会震荡走低，此时如果成交量同步放大的话，就可以进行 T+0 操作。

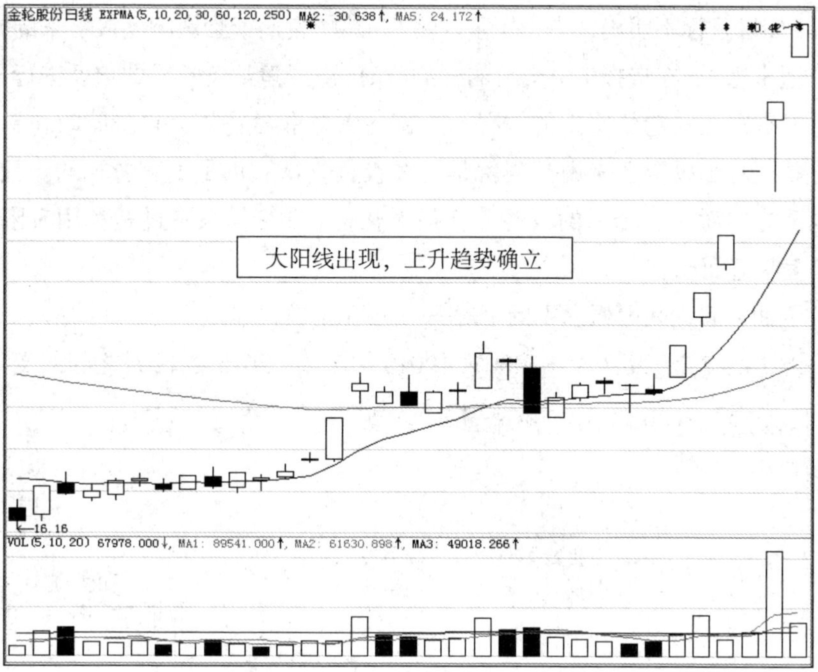


图 2-3-6

图 2-3-6 是金轮股份（002722）一段时间内的 K 线走势图。在个股运行过程中，可以看到个股经过前期的震荡后走出大阳线，并在大阳线出现之后开始上升趋势。在这一波上升走势中，交易者最容易获得投资收益，进行 T+0 操作风险也最低。

个股走势有多种，平台突破只是其中的一种。交易者要想对个股的运行形态有所了解，熟悉 K 线的运行方式，就必须认识基本的 K 线形态，并明白其表达的市场内涵和形成原因。

交易者在查看个股的 K 线图时，不要只是看其价格的波动，还要对 K 线图上的多种情况进行分析，并结合各项指标、成交量等因素，从多方面帮助自己找到交易标的及 T+0 操作的方向。

## 三、选择正确的标的股

要想做好 T+0 交易，就一定要寻找好的标的股。标的股就是 T+0 交易的目标，如果目标不明确，或是目标出现了问题，自然就会影响到接下来的操作。

通常来说，在选择 T+0 交易的标的股时，应尽量从中长线的角度进行分析。因为只有在主线趋势明朗的情况下，交易者才能尽量扩大自身的收益。选择标的股，对于投资者来说其实就是主线投资，这一点是不容忽视的。只有主线投资方向对了，未来的收益才会最大化，T+0 交易只不过是利用有限的资金扩大收益而已。

下面来看互联网概念中的个股——三五互联。

图 2–3–7 是三五互联（300051）2015 年 7 月—2015 年 12 月之间的走势图。

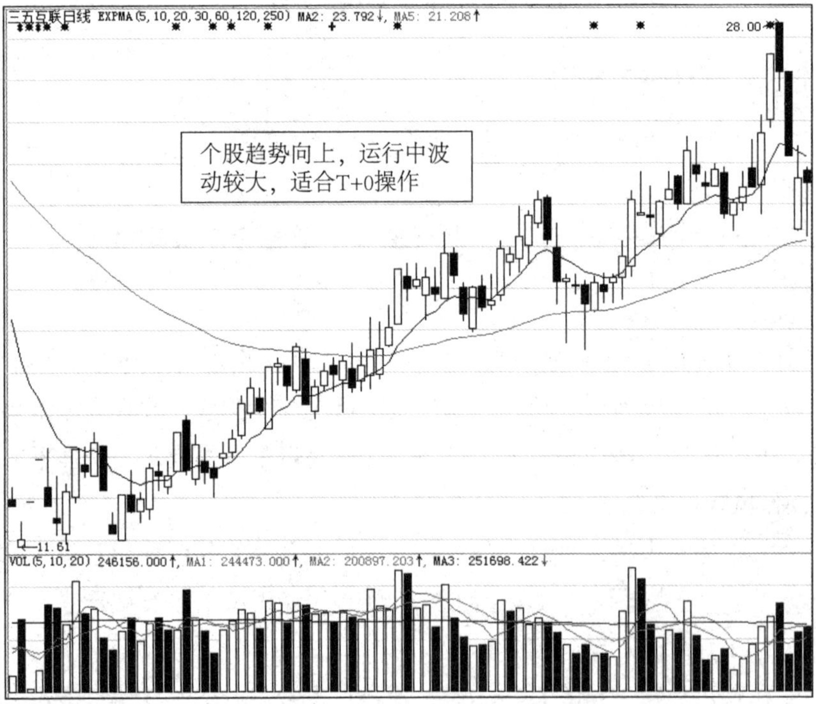


图 2–3–7

个股在这一区间内走出单边上升的走势，操作个股的风险较小，投资者可以把握其中的操作机会。个股在运行中的走势以震荡为主，这就为 T+0 操作提供了便利。

交易者在前期的上升走势中进行一般性的操作，都可以获取不错的收益。但当行情开始转向时，个股的操作风险就会大增。如果交易者不慎买进，就要运用 T+0 交易方法来降低持股成本，同时博取波动中的差价了。

T+0 操作可以提供逆向交易，但交易者在选股时，要对个股进行认真的筛选，没有任何理由将自己置于风险收益比不对等的境况之中。

由此可见，交易者在执行 T+0 操作前，一定要以中长线的眼光来选择标的股，起码也要以波段持有为主的思路，决不能以短线视角看待个股走势，否则很容易丢了西瓜去捡芝麻。

最后还有两点交易者需要注意：一是操作方法是否正确，往往关系到 T+0 交易成功与否，二是没有正确的操作方法，不可能获得大的利润，甚至可能无法顺利完成 T+0 交易。

**四、参考大盘因素**

（1）选择消息面的真空期。

在准备进行 T+0 交易，尤其是在选择超短线标的股时，一定要参考大盘的行情走势。如果大盘属于上涨行情，可以果断介入个股，然后在盘中做 T+0。如果大盘行情不好时，交易者就要警惕，因为大市不好，盘中个股很难独善其身，这样就会给 T+0 操作带来很大的难度。

另外，最好选择消息面的真空期阶段进行 T+0 操作，因为真空期股价往往不会被消息面左右，其走出来的行情基本上都是按照技术指标来运行的，这样有利于在盘中进行 T+0 交易。

如果个股利好频发的话，股价往往会出现连续上涨，这样很容易使个股的上涨速度加快，并且容易构筑顶部，一不留神交易者就会站上高位。如果是利空消息频发的话，负面消息过多，也会加快个股行情的死亡。比如原本处于上升行情的股票，极有可能由于频发的利空无法维持接下来的涨势，从

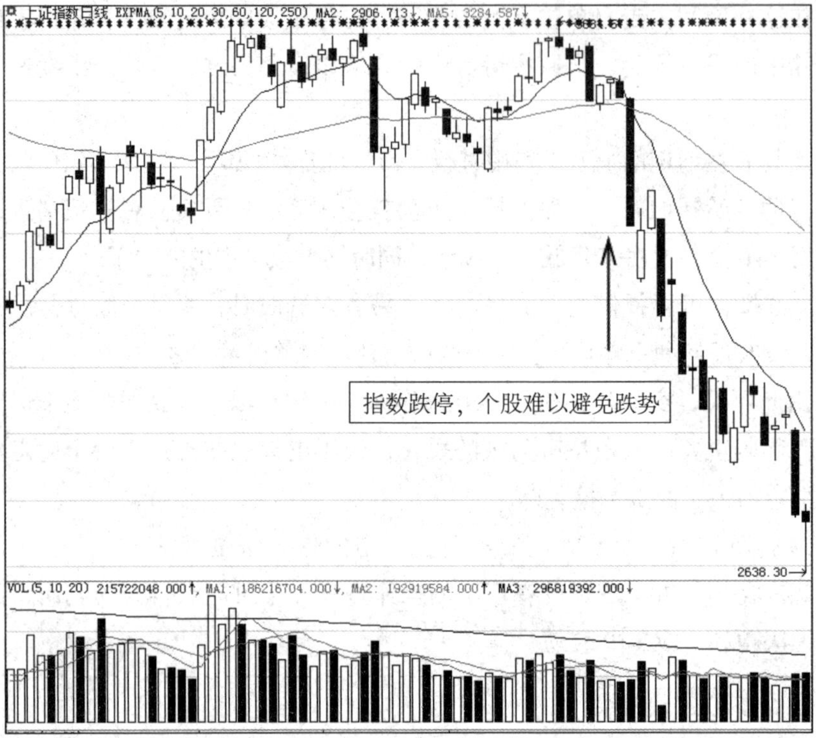


图 2-3-8

而出现行情转势。

图 2-3-8 是上证指数 2015 年 10 月—2016 年 1 月的走势图。大盘指数在这一时期走出单边下跌的走势，甚至一度出现指数跌停。当大盘走势处于极度弱势中甚至跌停时，个股是没有操作机会的。当时的市场盘面是每个交易日盘中都会有上千只个股同时跌停，上千只个股同时停牌。在这样的极端走势下，市场中没有可以把握的行情机会，T+0 操作的意义不大。

下面来分析一下当时的消息面。

2016 年 1 月 1 日，指数熔断机制正式实施。引入指数熔断机制，为市场大幅波动时提供“冷静期”，有助于市场稳定，维护市场秩序，保护投资者权益，促进资本市场的长期稳定和健康发展。

股指期货与股票市场的熔断机制都以沪深300指数作为熔断的基准指数，

并设置 5%、7% 两档指数熔断阈值，涨跌都会触发熔断。在基准指数触发 5% 熔断阈值时，暂停交易 12 分钟。熔断结束前进行 3 分钟集合竞价，之后继续当日交易。在 14:45 及之后触发 5% 熔断阈值，以及全天任何时段触发 7% 熔断阈值的，将暂停交易至收市。

这样一则消息置大盘于死地，消息面的利空性质毋庸置疑。

下面再看一个个股案例。

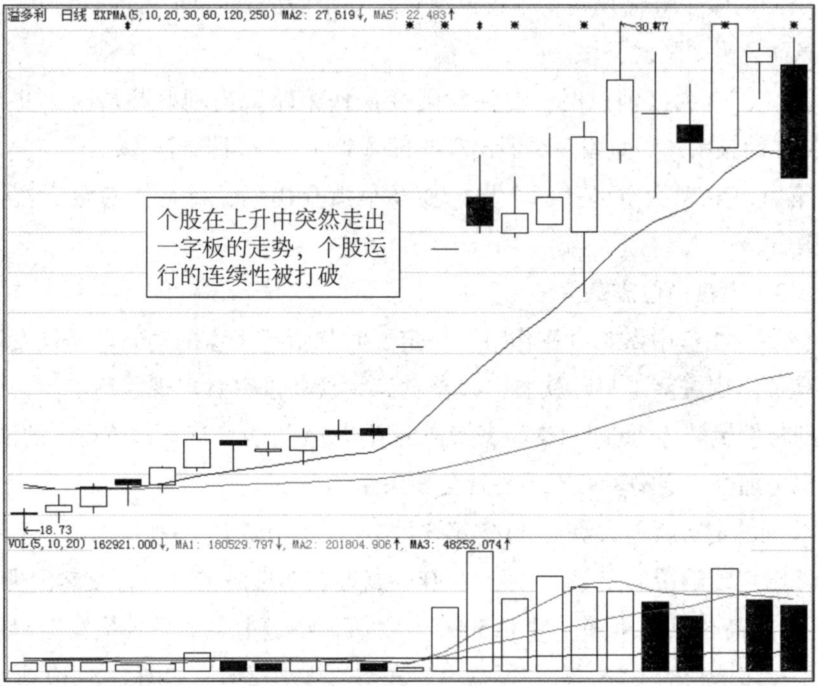


图 2-3-9

图 2-3-9 是溢多利（300381）2016 年 8 月—2016 年 9 月的走势图。个股在这一时间段内走出一波上升趋势，并在上升行情的中期走出一波一字板的涨停走势。这一涨停走势的出现，破坏了投资者 T+0 交易的连续性，造成投资者无法及时买进，白白错过大好行情。

研究个股当时的情况就会明白，个股的涨停走势是有其缘由的：2016 年 8 月 18 日上市公司发布公告，预披露 2016 年半年度利润分配预案，拟 10 转

20派1元。这是一个高送转预告，公告后股价接连出现涨停走势也在情理之中。

一则利好却未带来收益的增加，市场的平静期反而为交易带来收益。没有消息面的刺激，此时股票还能保持其原来的走势节奏，通过技术指标提供的信号，可以轻松实现T+0获利，这样更有利于个股的T+0交易。

交易者在进行T+0操作时，面对市场突发的消息面，可以从以下三个方面来把握。

第一，做T+0操作时，不仅要尽量选择个股的真空期，同时也包括大盘的消息面，需要随时关注。

第二，有利好消息时，要注意转变操作策略。当利好频传时，要减少T+0操作的频率，一旦发现个股出现头部迹象时，应当果断离场。

第三，发现利空频传时，更需要及早清仓出局，待行情稳定后再进行T+0操作。

（2）大盘高位震荡。

交易者在盘中做T+0操作时，一定要时刻留意大盘的动向。一旦发现大盘在高位出现震荡走势，就要引起警觉。大盘高位突然出现震荡走势，说明行情即将发生转势。此时对交易者操作的股票来说，也会逐渐构筑自己的顶部，震荡也会加剧，交易者一不小心就会被深套其中。

典型的走势就是大盘在2015年5月26日成功站上4900点以后，上涨速度突然出现了趋缓的走势，并且在5000点近在咫尺的情况下，突然出现了5月28日的高位巨幅震荡。冲上5000点之后，经过上午短期的横盘走势后，出现了一路下跌的走势，并在尾盘出现大幅的跳水行情，如图2-3-10所示。

大盘指数在高位走出放量大阴线，是高位抛盘加大所致，其后指数虽勉强维持升势，但行情极度不稳，在走势中不时出现的长下影线即是证明。走势在长下影线出现后虽也能再次收回，但行情的上升力度再次减弱，个股在高位也只能维持横盘走势。需要指出的是，横盘走势不会持续太久，指数转势向下势在必行，随后指数在高位再次放出大阴线。

图 2-3-10

上证指数当日深跌 321.45 点，跌幅高达 6.50%，振幅更是高达 7.53%。此时，盘中个股可谓是哀鸿遍野，数百只个股出现了跌停，交易者根本无法在盘中进行 T+0 交易。但这一走势还只是下跌行情的开始，跌停走势还将延续。

下面来看个股走势。

图 2-3-11 是皖新传媒（601801）2015 年 5 月—2015 年 7 月的走势图。个股在 2015 年 6 月 14 日创出阶段性高点，并于 6 月 14 日与大盘同一天下跌回落，其后个股走势开始进入下行趋势。在这一波下跌走势中，个股多次出现跌停走势，交易者如果进行 T+0 操作，面临的风险极大。

个股与大盘指数同升同跌，这就为交易者操作个股提供了大盘层面的参考。大盘指数走坏之后，个股的操作机会也会同样稀少。交易者在操作个股时，注意大盘走势理所应当。当然，还有一种可能就是个股与大盘反向而行，这就需要交易者研究个股与大盘走势的关系了，理顺它们之间存在的某种关系，

图 2-3-11

才能更完整地把握行情走势。

大盘高位巨幅震荡，操作 T+0 时可注意以下几点。

第一，一旦大盘出现高位巨幅震荡，交易者在高位卖出后，千万不要再进行买入操作，以免技术指标失灵，让自己的资金蒙受损失。

第二，大盘出现高位巨幅震荡后，如果能够先知先觉离场，这是最好的选择。如果无法做到，那么应当在接下来的交易日中选择反弹离场。

第三，高位出现巨幅震荡后，交易者不仅要在大盘企稳后再进行 T+0 操作，在投资策略上也应当适当控制好主仓位，做到多观察，少参与。

（3）选择走出独立行情的个股。

独立行情是指那些与大盘走势不太相同的股票，交易者在盘中做 T+0 交易的话，最好选择这种类型的股票。这种类型的股票往往不受大盘走势的影响，不容易出现意外的大起大落，交易者在盘中完全可以根据个股走势进行 T+0 交易。

下面来看案例。

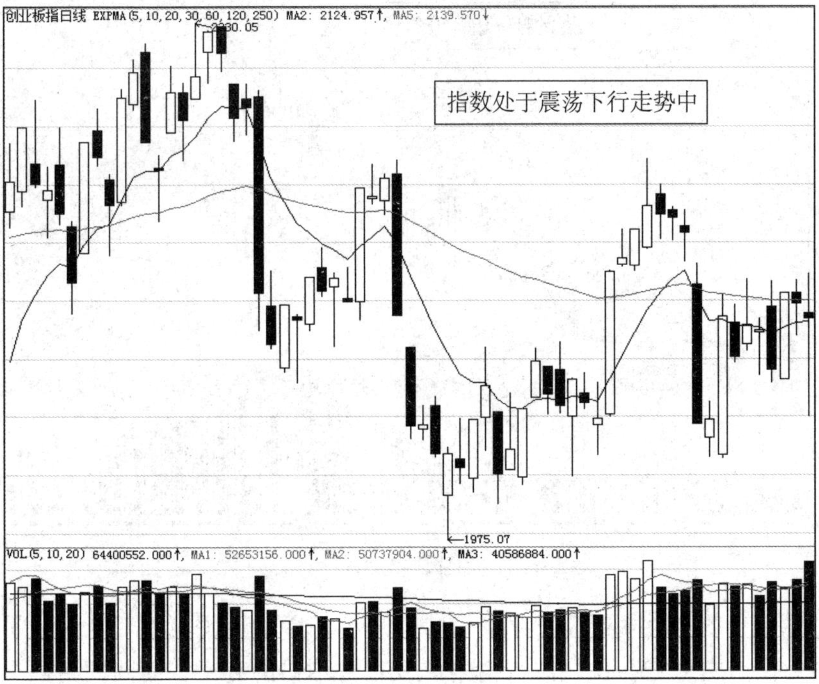


图 2-3-12

图 2-3-12 是创业板指数 2016 年 3 月—2016 年 6 月的走势图。指数在这一过程中处于震荡下行走势，指数在区间内虽有反弹，但反弹力度很弱。一些跟随指数走势的个股，在其中进行 T+0 交易，获利的难度较大。但也有一些个股走出独立行情，其运行中存在的 T+0 交易机会仍然相当丰富。

下面来看案例。

图 2-3-13 是濮阳惠成（300481）2016 年 3 月—2016 年 6 月的走势图。个股在前期收出连续的小阳线，是明显的主力介入信号。主力大量吸筹，保证了个股的后期行情，个股的股价也因得到资金的支撑开始上升走势。

图 2–3–13

在这一波上升走势中，交易者正好可以从中进行 T+0 操作，获取 T+0 交易的差价。交易者在这一波行情中可以获得不错的利润，而同期指数走势却毫无进展，走出独立行情的个股机会凸显。

## 第四节 T+0 的操作方式

### 一、关键点位做 T+0

利用技术分析作买卖决策时，有些决策是建立在压力和支撑原理之上的。压力位与支撑位是相互依存的，也是会相互转化的。股票价格在某种整理形态里面运动，只是一种暂时的平衡状态，这种状态早晚会被打破。

下面要讨论的是如何在压力位和支撑位的位置做 T+0 交易。

利用股价图形形态指导交易，是一种很常见的操作思路。在做T+0操作时，可以利用一些常见的图形形态找出支撑位与压力位，这样就可以在支撑位做顺向的 T+0 操作，在压力位做逆向的 T+0 操作。

股价在运行时通常是上有压力下有支撑的，当上方的压力位被有效突破时，压力位就会转化为支撑位。当下方的支撑位被有效跌破时，支撑位就会转化为压力位，交易者要学会利用这一点进行分析，同时指导自己的T+0操作。如图 2-4-1、图 2-4-2 所示。

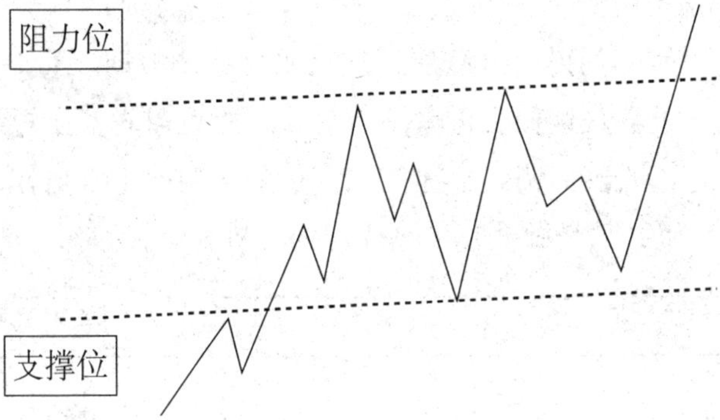


图 2-4-1

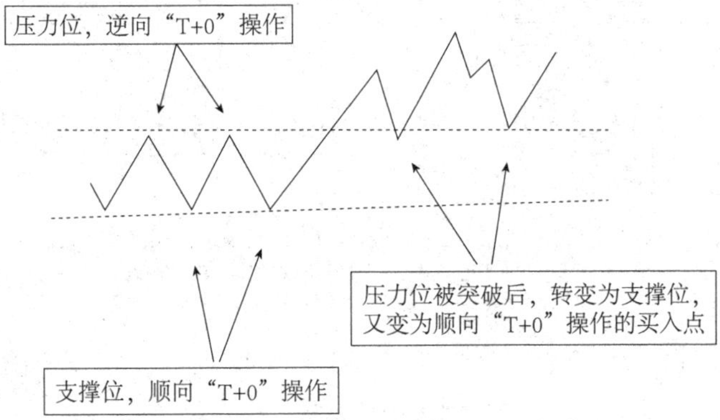


图 2-4-2

运用压力位和支撑位做 T+0 操作十分简单有效。平时看盘时可以将压力位和支撑位简单地画出来，这样一来，股价到压力位，就进行逆向 T+0 操作，到支撑位时就做顺向 T+0 操作，这个方法十分简单好用。

如图 2-4-2 所示，当股价在有效向上突破压力位或者向下突破支撑位之前，股价一直在区间内徘徊，交易者可以据此轻松地做顺向 T+0 操作和逆向 T+0 操作。当股价上涨突破压力位后，这个压力位就转变成支撑位。既然是支撑位，就可以当作顺向 T+0 操作的买入点，在价格回落到支撑位时做顺向 T+0 操作。

下面来看案例。

图 2-4-3 是千山药机（300216）2015 年 3 月—4 月的日 K 线走势图。这只股票经过一段时间的连续上涨后，进入明显的调整期。如果大家是做 T+0 操作的，那么会很喜欢这种横盘震荡走势，此时可以先找出短线的压力位和支撑位并画线，当股价回调到支撑位时，正是做顺向 T+0 操作的好机会。图右边 3 个箭头位置，都是做顺向 T+0 操作的时机和位置。

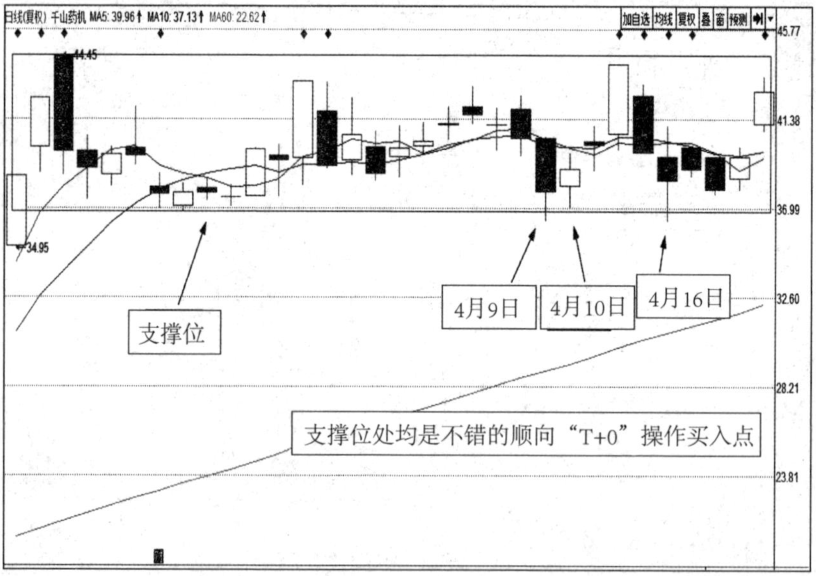


图 2-4-3

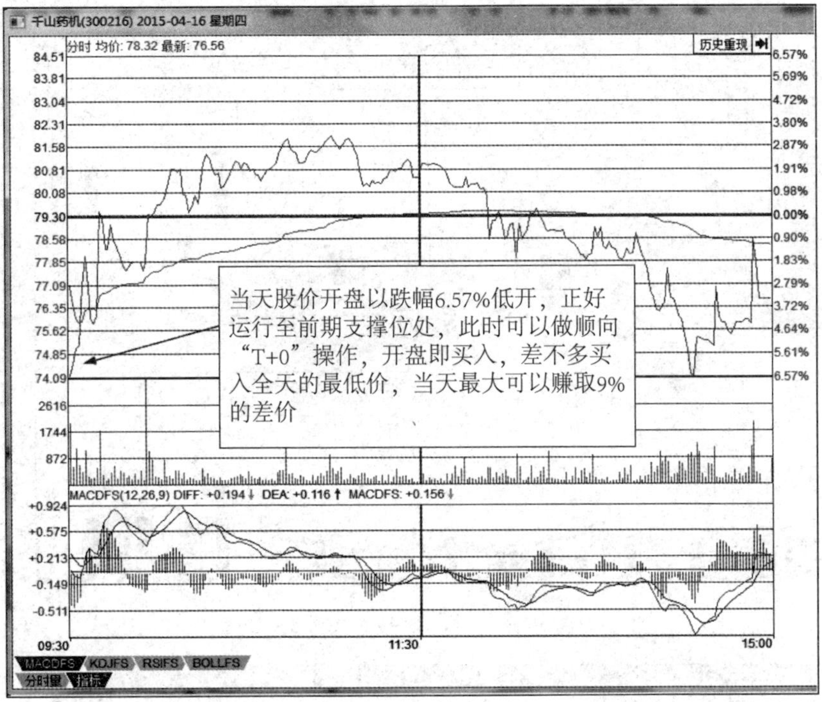


图 2-4-4

图 2–4–4 是千山药机（300216）2015 年 4 月 16 日的分时走势图。当天股价以 6.57% 的跌幅低开，股价最低打到 74.09 元，正好是支撑位附近，这个时候就非常适合做顺向 T+0 买入操作。低开开盘时即买入，差不多可以买到全天的最低价，当天最多可以赚取约 9% 的差价。

图 2–4–5 是旋极信息（300324）2015 年 2 月—4 月的日 K 线走势图，图 2–4–6 是该股 3 月 10 日的分时走势图。

如图 2–4–6 所示，交易者在 11:02 以 53.59 元对该股做顺向 T+0 的买入操作，到 14:21 的时候，股价冲高无力，回落跌破右肩，果断以 56.09 元卖出。如果用百分比计算，当天可以赚取 4.5% 的差价利润。假设交易者有底仓 2 万股，在 11:02 以 53.59 元买入 1 万股，累计 3 万股。在 14:21 以 56.09 元卖出 1 万股，此时交易者的底仓没有发生变化，还是 2 万股，而交易者的可用现金变多了，增加了 25000 元（不计算手续费和交易税费）。

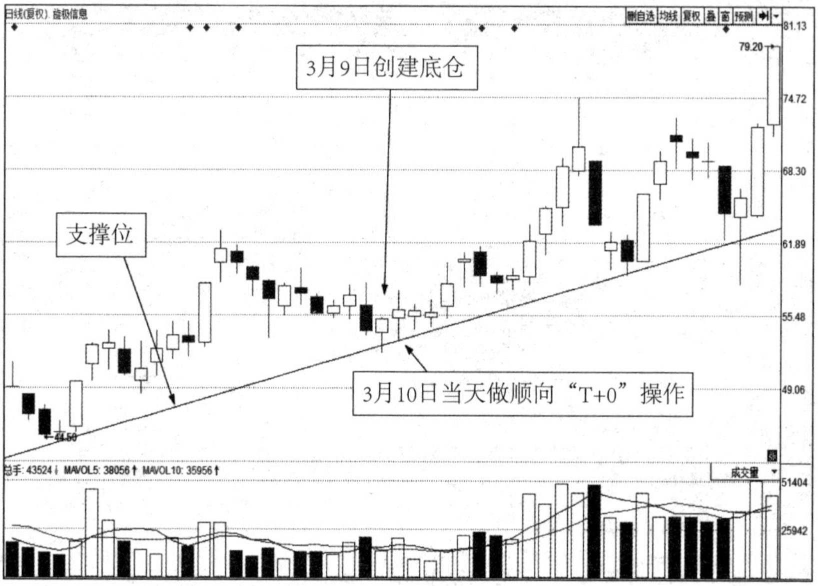

日线(复权) 旋极信息
3月9日创建底仓
支撑位
3月10日当天做顺向“T+0”操作
81.13
79.20
74.72
68.30
61.89
55.48
49.06
44.50
总手: 43524 MAVOL5: 38056 MAVOL10: 35956
成交量
51404
25942


图 2-4-5

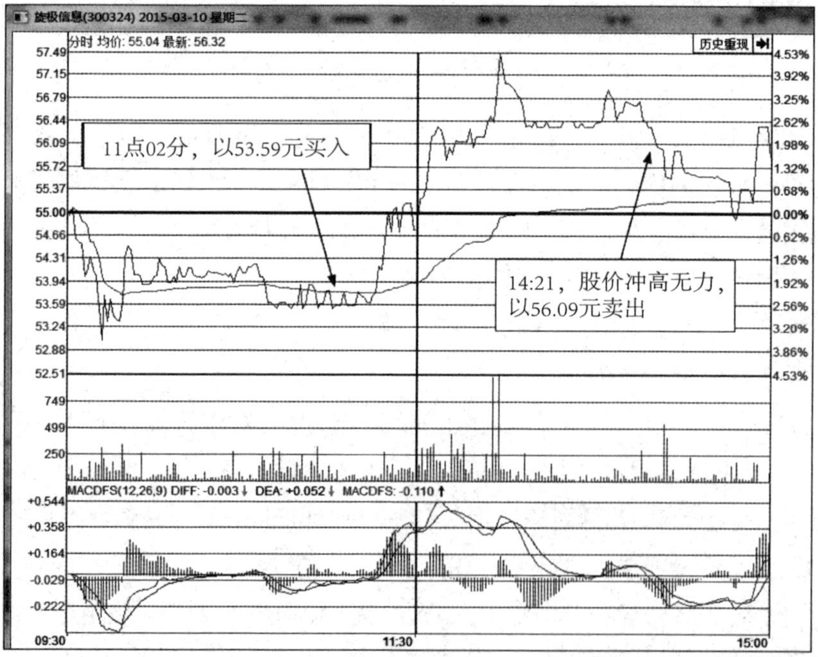

旋极信息(300324) 2015-03-10 星期二
分时 均价: 55.04 最新: 56.32
历史重现
11点02分，以53.59元买入
14:21，股价冲高无力，以56.09元卖出
MACDFS(12,26,9) DIFF: -0.003 DEA: +0.052 MACDFS: -0.110
09:30
11:30
15:00


图 2-4-6

计算公式：（56.09–53.59）×10000=25000（元）

当天交易者可以赚取25000元的差价，这远比交易者持股不动要好很多。用此方法来做T+0，交易者每天都可以赚取差价来扩大自己的收益，从而享受交易的乐趣。

接下来再看一些案例，以便了解此方法在实战中的具体应用。

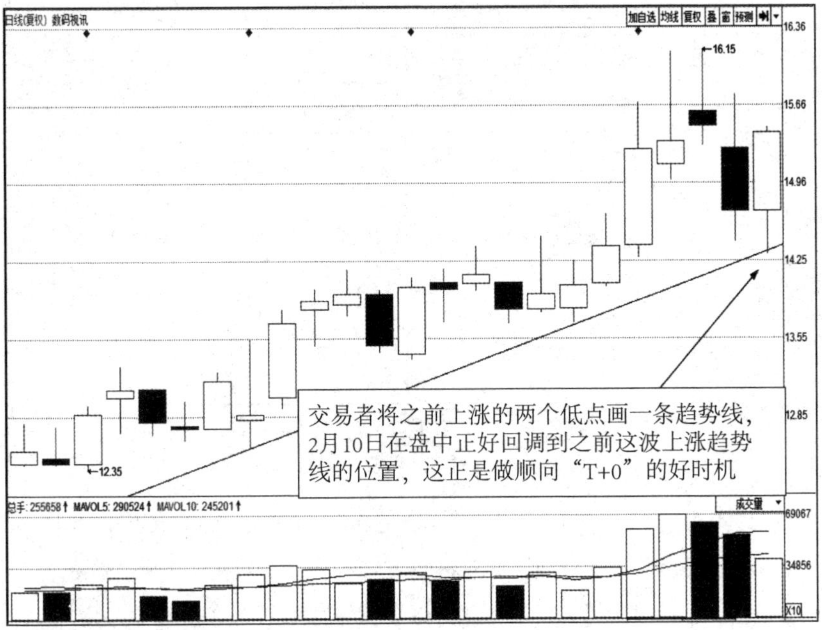


图 2–4–7

图2-4-7是数码视讯（300079）2015年1月—2月的日K线走势图。交易者将之前上涨的两个低点画一条直线，可以看出股价明显走出一个上升通道。2月10日，该股在盘中正好回调到之前这波上涨趋势线的下轨位置。图2-4-8是该股当天的分时图。

如图2-4-8所示，图中圆圈处正好是之前这波上涨趋势线的下轨位置，这是做顺向T+0操作的绝佳时机，交易者应当果断买入。尾盘将其卖掉，当天可以赚取5.5%的差价利润。

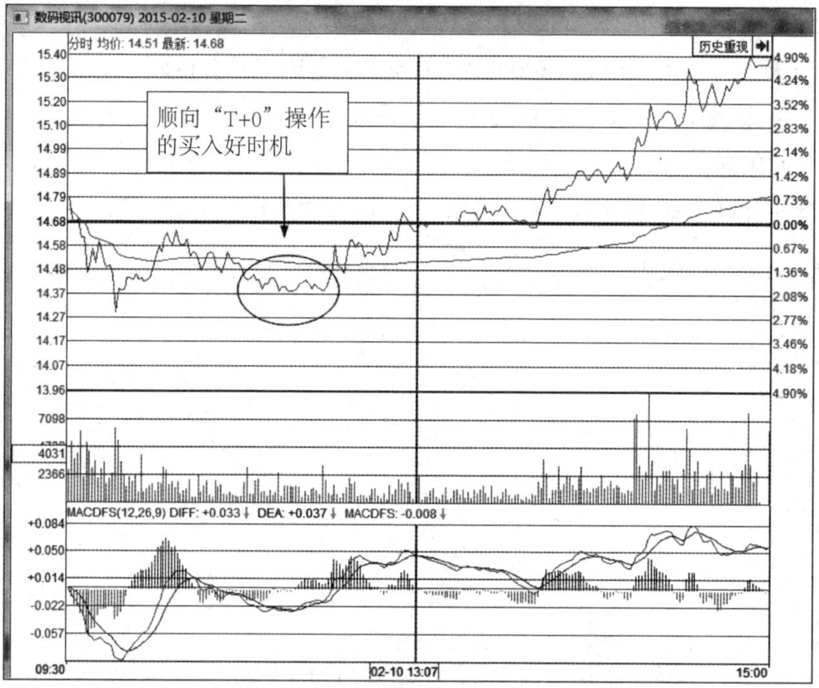


图 2–4–8

通过上述实例分析可以看出，不管是压力位还是支撑位，都不是一成不变的，在两者相互转换的过程中，进行 T+0 交易也要相应地变换策略。压力线被突破时，就是进场做多的时候，支撑位被跌破时，则是空头占据上风的时候。利用支撑位和压力位做 T+0 交易，需要不断地转换思维。

T+0 交易的技巧在于，其主要以技术面和盘口观察为依据，并且以阻力位、支撑位、时间点、量能变化等作为买卖依据。本节所讲的利用支撑位、压力位做 T+0 交易，实则是根据股价走势判断买入卖出时机，从而更好地利用 T+0 这个操作方法获得利润。

需要再次提醒的是，支撑位和压力位并不是一成不变的，它们是会相互转换的，实战分析中要随时研判这种转换势头。

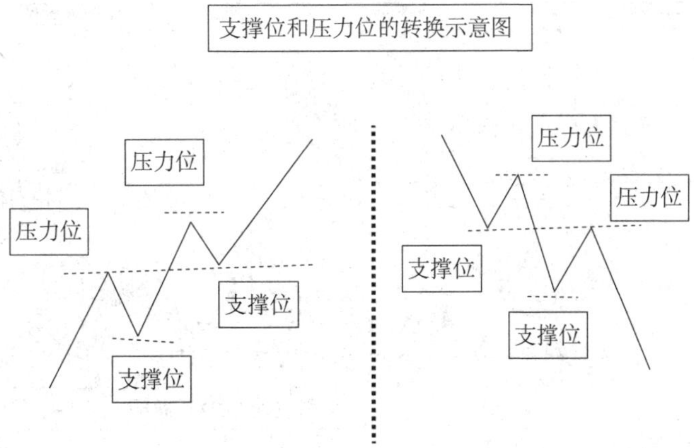


图 2-4-9

## 二、利用均线做 T+0

均线在技术分析中的应用十分广泛，大量的历史统计和多年的实战看盘经验表明，任何一条均线都是有参考价值的，关键在于如何运用。本节主要讲解如何将均线高效、快速、简单地应用在 T+0 操作中，通过讲解大家会发现，原来均线是有规律的，而且使用起来很简单。

很多股票行情软件默认的均线（移动平均线，简称 MA）周期参数为 5 日、10 日、20 日、30 日、60 日，在 T+0 操作中，只使用重要的均线。什么是重要的均线呢？是指现在和过去一段时间里，对股价有明显支撑或者压力的一条或者多条均线。利用重要均线对个股股价的支撑或压力，就可以进行顺向和逆向的 T+0 操作。

下面来看一个案例，以便大家对依据均线进行 T+0 操作有一个直观的认识和了解。

图 2-4-10 是星星科技（300256）的日 K 线走势图。从图中可以发现，股价回调到 30 日均线的位置时，30 日均线对股价有支撑作用，且该位置是前期股价的支撑位，所以此时是做顺向 T+0 操作的最佳买入时机。图 2-4-11 是股价回调至 30 日均线当日的分时图。

如图 2-4-11 所示，交易者可以在 10:42 以 20.72 元对该股进行顺向 T+0

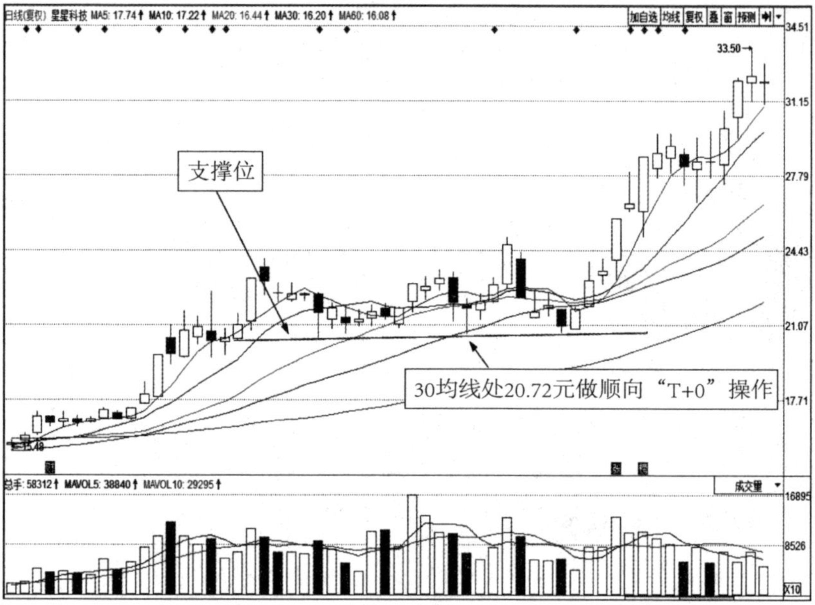
日线(复权) 星星科技 MA5: 17.74 MA10: 17.22 MA20: 16.44 MA30: 16.20 MA60: 16.08
33.50
支撑位
30均线处20.72元做顺向“T+0”操作
总手: 58312 MAVOL5: 38840 MAVOL10: 29295
成交量

图 2-4-10

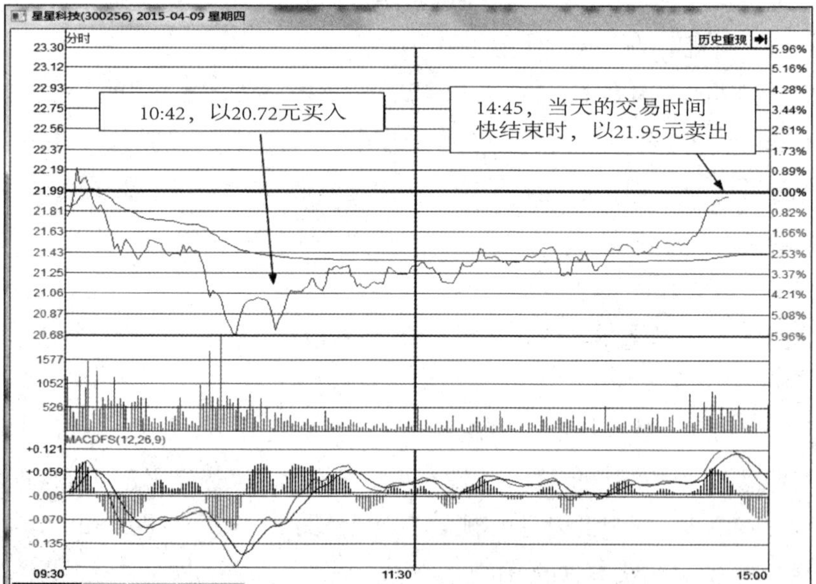
星星科技(300256) 2015-04-09 星期四
分时
历史重现
10:42，以20.72元买入
14:45，当天的交易时间
快结束时，以21.95元卖出
MACDFS(12,26,9)
09:30
11:30
15:00
MACDFS
KDJFS
RSIFS
BOLLFS
分时量
指标

图 2-4-11

操作。到 14:45，当天的交易快结束时，以 21.95 元将其卖出。如果用百分比计算，当天可以赚取 5.9% 的收益。

假设交易者有底仓 2 万股，在 10:42 以 20.72 元买入 1 万股，累计 3 万股。在 14:45 以 21.95 元卖出 1 万股，此时交易者的底仓数量没有发生变化，仍然是 2 万股，而交易者的可用现金变多了，增加了 12000 元（不计算手续费和交易税费）。

计算公式：（21.95–20.75）× 10000=12000（元）

交易者当天可以赚取 12000 元的差价，这远比交易者持股不动效益要高。当股价处于调整期时，交易者可以每天做 T+0 赚取差价来扩大自己的收益，从中享受交易的乐趣。

下面再看一个案例。

图 2–4–12 是标准股份（600302）2015 年 3 月—5 月的走势图。经过一段连续上涨之后，股价进入调整期。交易者此时如果持股不动，不仅利润没有

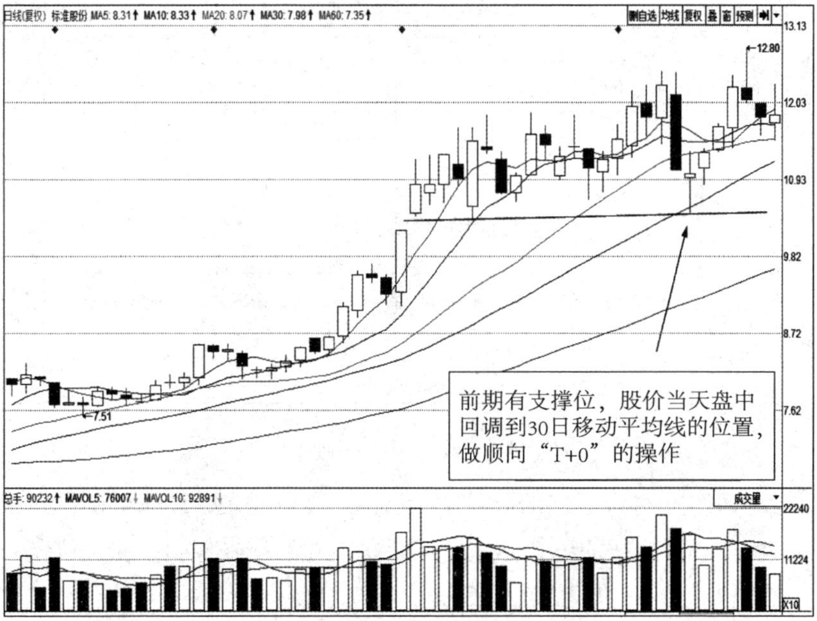


图 2–4–12

增长，反而会被每天的波动搞得心情不畅。如果继续看好该股，就应该在持股的基础上每天做 T+0，获取差价利润。

利用简单的均线，就可以轻松做 T+0 操作。首先，找出此时的重要均线。很明显，在图 2–4–12 中，标准股份的股价在当天盘中正好回调到 30 日移动平均线的位置，即图中箭头所在的位置。该位置前期也有支撑作用，所以可以在该位置做顺向 T+0 操作。

下面来看下箭头处当天的分时图走势，如图 2–4–13 所示。

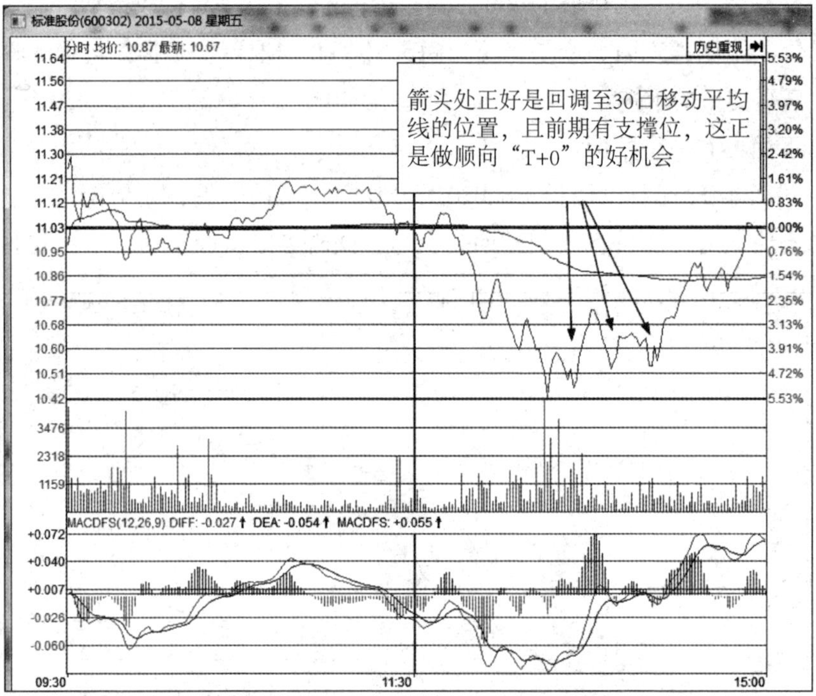


图 2–4–13

图 2–4–13 是标准股份的分时图。从图中可以看到，箭头处的位置正好是股价回调至 30 日均线的位置，这是做顺向 T+0 的绝好机会。在该位置，交易者应该果断买入，尾盘时卖出，当天就可以赚取约 4% 的差价收益。

唯一不变的就是变化，股市也同样如此。股市无时无刻不处于变化中，这就给了投资者更多的操作机会。大家当然要把握住变化给予的机会，赚取自己的收益。

## 三、半仓做 T+0

在股价上涨走势不明确时，交易者采取半仓操作 T+0 是比较明智的。半仓的资金投入，既不会出现重仓持股的风险，也不会错过当前的行情。在半仓 T+0 操作中，交易者每天都可以完成一次买进和卖出的操作，而持股的资金仅仅是总资金的一半。在价格高位卖出股票，并在价格回落时买进股票，不失为减少损失、扩大利润的好方法。

（1）半仓 T+0 操作不会出现重仓持股的风险。

即便股价短线杀跌，交易者只有一半的资金会遭受损失，后期完全可以利用另一半资金抄底买入，并且在价格反弹高位卖出前期持有的股票，完成一个 T+0 操作。交易者在价格低点抄底买入和价格高位卖出止盈在同一日完成，这样不会错过股价双向波动提供的差价收益。

下面来看一个半仓操作、先买后卖的例子。

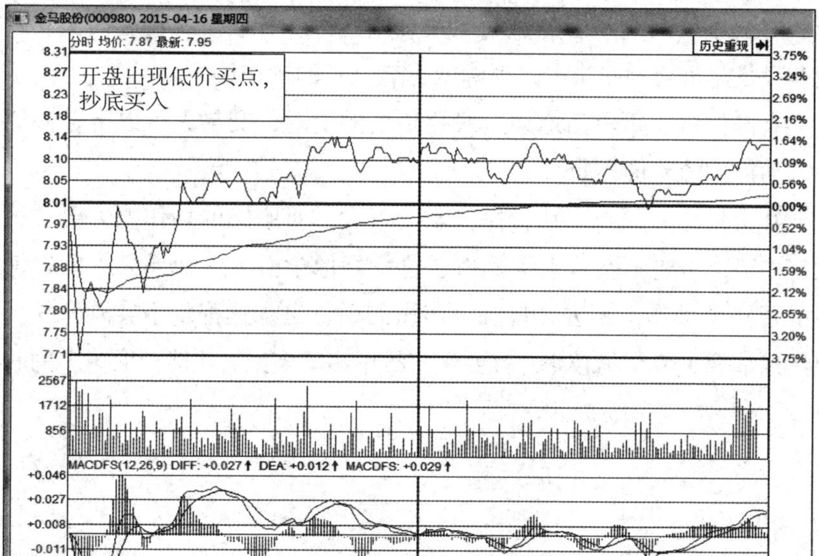


图 2-4-14

图 2-4-14 是金马股份（000980）的分时图。该股开盘时急剧下跌，最高跌幅达 3.75%，是抄底买入的良机。之后可在尾盘时卖掉前一日买入的股票，完成一个 T+0 操作过程。

在 T+0 操作中，控制好仓位是非常重要的，这是降低风险的重要一环。在控制好仓位的情况下，交易者操作上的风险也会减小。

（2）半仓持股做 T+0 可降低风险。

T+0 操作的优点，一是在于充分利用价格波动，二是在于交易者能够半仓操作股票，减少风险。很多股民在买卖股票的过程中常常重仓持股，殊不知这样做风险很大，一旦遇到价格大幅下跌的走势，必然损失惨重。采取半仓操作的 T+0 操作方式，即便股价短线震荡回调，交易者也有另一半资金用来补仓，这样可以摊低持股成本，减少股价回调造成的损失。

在 T+0 操作方式中，交易者随时进行资金的动态调整，以便应对股价波动的风险。如果股价出现不确定的变化，那么股价冲高可以卖出，股价下跌可以买进，这样有助于交易者减少股价波动的风险，增加盈利。

在 T+0 操作的买卖中，交易者在股价低点时买入，自然降低了持仓成本。降低相对成本，对交易者的盈利至关重要。每一日股市收盘后，交易者持有的股票只是总资金的一半，这就降低了交易者的操作风险。

T+0 操作可以更灵活地适应股票价格的变动，交易者可以更轻松地抓住价格波动提供的差价利润。

T+0 交易是一门技术活，操作难度很大，对股民的炒作能力要求很高。要做好 T+0，需要不断地动手操作，这就好像学游泳，如果只是看教练示范给你的每一个动作，不去亲自练习实操的话，是永远都学不会游泳的。所以要想快速掌握 T+0 交易技术，就要在实战中多多实践，才能获取更多的收益。

# 第三章 T+0 波段交易计划

古人云，凡事预则立，不预则废，意思是做事情要事先规划好，以免在紧要关头束手无策，不知所措。好的计划是成功的重要因素之一。在执行一项任务前，如果立足长远，着眼全局，制定一项全面、可行、易操作的计划，则能达到事半功倍的效果。

T+0 波段交易作为一种超短线交易方式，需要"天时""地利""人和"皆备，其中交易计划的重要性尤为突出。每个交易者在开始 T+0 交易前，都要制定一个合理的交易计划，然后坚定地执行自己的交易计划，并根据时势的变化适当调整自己的交易计划，从而使 T+0 交易顺风顺水。

## 第一节　制定交易计划

在进行股票交易前要制定交易计划，在下单前预先想好行情走势可能发生的变化，针对不同的走势列出不同的应对方法，这样就能从容应对股市的各种变化。

制定计划的目的是在多变的市场中建立自己的交易规则，依据计划行事，以不变应万变。市场瞬息万变，如果没有制定交易计划，交易者就会受到市场波动的影响，被市场牵着鼻子走。每次下单之前，交易者都要制定出深思熟虑的交易计划，之后的操作就是执行交易计划。

很多股民在进入市场前，往往没有制定一套明确的交易计划，而是凭自己的一时兴起见机行事。股市中常有虚实参半、突如其来的消息，这个时候交易者需要有自主判断和决策的能力，避免人云亦云，盲目跟风。一个理智的股民应该在购买股票之前认真地观察行情，然后根据自己的能力制定可行的交易计划，并在计划的执行过程中不为传闻所动，根据市场的实际走势调整计划，从中获取收益，同时减少风险。

“计划你的交易，交易你的计划。”没有制定计划，就不要交易，成功的交易都是严格按照交易计划实施的。要进入股市高手的行列，就必须制定计划并严格执行计划。

如何制定 T+0 交易计划呢?

第一，设置合理的盈利目标。

根据自己的目标预期，设置合理的盈利目标，不急于求成，一步一步慢慢地赚钱，积少成多。短线操作中，心态是影响交易极其重要的因素，股价波动最考验交易者的心理素质。实战交易中，交易者切忌浮躁，宜平静等待并坚持自己的操作原则。

第二，合理管理资金。

合理管理资金，谨防资金曲线骤起骤落。对于交易者来讲，只要严格管理资金，就不会在投机市场中出现太大的风险。资金管理不好，即使看对行情，一路顺势交易，也有可能出现亏损。资金管理得好，即使看错行情，也不会出现太大的风险。

第三，科学管理仓位。

仓位管理就是在你决定做多某个品种时，应该预先制定好分批入场的计划，并设置好止盈止损的技术位置。谨慎进行仓位管理，坚决不满仓操作，严格执行止盈止损计划。

第四，合理管理时间。

关注信息持续发挥作用的时间效用，交易者应有一个合理的判断。一旦超越合理的时间周期，就应选择减仓或平仓。交易者应根据时间周期要求，恰当把握时机来进行 T+0 交易。机会是等出来的，不是追高追出来的。

交易者是根据预期在股票市场上交易，每一个成交价都是买卖双方对未来预期出现分歧的表现。虽然任何一个点位买卖都有道理，但不是每一个点位都是好的入市点或出市点。在交易中，时机的选择非常关键，而一个好的入市点可以让你更从容地面对市场波动。

第五，选择恰当的交易模式。

所谓模式管理，就是在做这笔交易的时候选择什么样的交易模式。T+0 交易有不同的交易模式，交易者要依据自身和市场情况来量身定做，选择适合自己和市场情况的模式进行交易。

第六，合理管理情绪。

在交易过程中，要随时关注情绪的变化并管理好自己的情绪。T+0 交易不仅仅讲究交易技巧，更需要健康良好的心态。情绪是心态的直接体现，管理好自己的情绪，就拥有了良好的交易心态。

第七，突发事件管理。

制定应对突发事件的方案，当市场出现重大事件或市场风向发生突变时，要紧急启动事先制定好的应急方案，并积极有效地排险，把风险降到最低。

大多数 T+0 交易者的主要精力都在选择买入的进场点，认为只要进场正确就一定能够盈利，因此在整个交易中过于依赖进场这个环节，忽略了交易中的其他环节。

下面是简易的 T+0 交易计划 8 部曲。

**表 3–1–1 T+0 交易计划 8 部曲**

| | | |
|---|---|---|
| 1 | 买什么股票？ | 根据选股标准决定 |
| 2 | 什么时候买入？ | 根据大盘、个股分析决定 |
| 3 | 买多少数量？ | 根据仓位管理决定 |
| 4 | 买入后趋势反转怎么办？ | 止损或减仓 |

（续表）

| | | |
|---|---|---|
| 5 | 买入后趋势大好怎么办？ | 根据仓位管理要求加仓 |
| 6 | 什么时候减仓？ | 根据止盈条件减仓 |
| 7 | 减仓多少？ | 根据仓位管理要求减仓 |
| 8 | 什么时候清仓？ | 根据卖出条件离场 |

好的开始是迈向成功的第一步。

股市中的赢家总是严格遵守自己的交易计划，只要自己的交易计划是合理有效的，就不会轻易改变。在股市中，每天都有涨停的股票在刺激着交易者的神经，交易者要做到看到别人的股票涨停不眼红，看到别人的股票翻倍不眼红，依然严守自己的交易计划。只有在交易计划不符合当前的市场行情时，才需要及时调整。

## 第二节　执行交易计划

炒股就像行军打仗，制定严明的军纪并严格执行非常重要。交易者一定要谨记，不要轻易相信所谓投资机构和投资公司的谎言，也不要过分依赖报纸、电视、广播和论坛的“小道”消息，这些消息很可能是机构出货时要散户帮忙抬轿子而主动散播的。作为一个“好股民”，必须时刻保持清醒、冷静的头脑，掌握必备的股市分析技巧，制定一套行之有效的交易计划并严格执行，这样才能规避风险，获得盈利。

在几种股票交易风格中，T+0 交易方式最为激进，如果没有一套行之有效的交易计划，交易者很容易中枪中弹，遭受惨重损失。市场并非无规律可寻，大多数交易者在股市中失败，往往不是技术问题，而是交易计划出了问题，或者根本没有交易计划可言。

知而不行，往往比无知还不可原谅。制定了交易计划却不能严格执行，这样的投资者不适合做短线交易。在变幻莫测的股市中，交易者面临的来自外界的干扰因素很多，如果不遵守自己的交易计划，就会被这些干扰因素牵着鼻子走，从而使原本可以赚钱的交易，最后变成了亏钱。

大多数交易者失败，都是因为没有严格执行自己的交易理念、交易时机和操作方法，而是随意地进行买卖，盲目操作，冲动决策，对行情走势抱有侥幸心理。也有一部分交易者则亏在“有法不依，执法不严”上，在进出场信号出现后往往犹豫不决，在进出场信号未出现前又常常轻举妄动。

作为一名成功的 T+0 交易者，冷静地等待大盘、板块、个股、主力四者出现明显可见的交易机会，是其成功获利的基础，快速行动和资金管理技术则是决定其获利多少的关键。交易者必须牢记，任何交易都必须在已有的操作计划和风险控制中实施，随意而不规范的操作行为，不应该出现在职业交易者的身上。

胜者注重规则，输家心存侥幸。交易计划就像是红绿灯，很多情况下，交通事故的发生不是因为驾驶技术不过关，而是因为不遵守红绿灯通行规则。在股市中，有些人经常抱有侥幸心理，或者不甘心心理，导致该买的时候迟疑，该卖的时候犹豫，从而错过了最佳交易时机。

在做 T+0 交易时，要严格执行既定的交易计划。当市场发出买进信号时，不要犹豫，要敢于进场，立即买进。当市场发出卖出信号时，不要抱着观望的态度犹犹豫豫，果断卖出离场才是明智的选择。

## 第三节　止盈止损计划

能够制定并执行自己的操作计划，之后还要在操作过程中合理控制操作节奏，计划好自己的止盈止损操作步调。

止损一直是交易者短线操作不可回避的一个问题。对于是否止损，市场中存在两种观点。一种认为止损实际上就是割肉，是把自己的股票在相对低位上让渡给庄家的愚蠢行为。另一种则认为止损是防止账面损失继续扩大、避免深度套牢的利器，是壮士断腕的英勇之举。这两种观点代表不同的市场观和不同的操作风格。然而无论交易者的操作风格如何，止损的重要性是毋庸置疑的。

在股市中身经百战的交易者都知道，只有正确制定止损区间，在合理的时机执行止损策略，才能将风险降到最低，为下次重新起航打好基础。同样，止盈也是一个道理。如果在一路上涨的行情中没有止盈意识，盲目的自信可能会使交易者前功尽弃，盈利最终变成亏损。

合理地止盈止损，使较小的代价博取较大利润成为可能。股市中无数血的教训表明，一次大意的交易失败足以致命，但止盈止损能帮助交易者化险为夷，这也是本书特别强调止盈止损的原因。

首先来看下面的案例。

图 3–3–1 是武汉凡谷（002194）的 30 分钟 K 线走势图。从图中可以看到，股价由 20.16 元一路下跌，下跌途中虽有反弹，如果股民不能果断止损，而是盼望股价上涨，将会被严重套牢。下跌初期不立刻止损，遇到大的下跌趋势，交易者就会越陷越深，损失惨重。

后来股价触底回升，一路上涨，启动了一波行情，股价涨到了 19.72 元。如果此时不能果断止盈，该股后续转为下跌，则会让到手的利润丧失殆尽，反胜为败，最后功亏一篑。

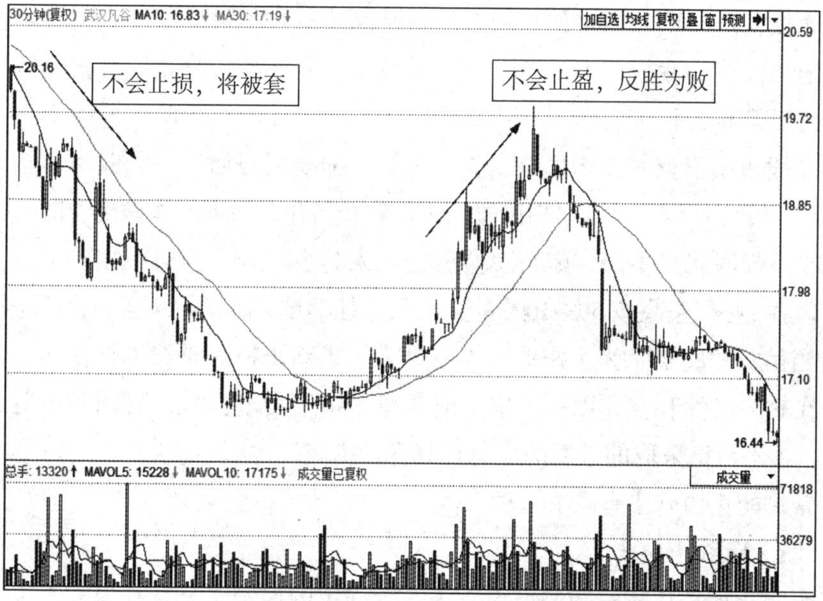


图 3-3-1

炒股一定要学会止损和止盈，特别是短线交易。短线交易常讲“适度的原则”，就是指把握适当的分寸，掌握恰当的火候。做股票亏损的原因有很多，但大多数是由于交易者没有正确地运用止损和止盈。不懂得及时止盈止损，因此遭受套牢之苦的交易者比比皆是。

## 一、止损计划

止损就是预估股价要涨，但是买进之后却跌了，跌到你能够承受的最低价位时，就要果断卖出，防止损失进一步扩大。果断抛出之后，此后的下跌便与你无关了。从字面上看，止损就是终止损失。进行 T+0 交易，交易者要学会向市场暂时认输，以便保住资金，寻找新的操作机会，否则由小亏损转变成重度套牢，就得不偿失了。

俗话说，会买的是师父，会卖的是祖师爷，会买的不如会卖的。买对了不用考虑止损，但是买错了，就必须坚决止损，止损线是散户的生命线。如果被套，不要消极等待，要有纠错的勇气，立即止损卖出。买错就止损，破位就止损，遇到重大利空就止损。特别是高位看错，更要坚决止损。止损是主动地提前终止亏损，不是被动地终止亏损，要将损失终止于亏损之初，将风险化于无形之中。

在股市中投资，要未思进，先思退。止损要因势而异，因股而异。做短线交易，买入股票后应该立刻设置止损位和止盈位。如果不能做到及时止损，总是在亏损时犹豫不决，账户资金就会越来越少。为了及时止损，每一次买入股票后，必须坚决按 5%~10% 的止损额度挂卖单，让软件来强迫自己止损。

当然，做股票是为了赚钱，而不是为了果断止损。止损不是目的，止损只是在有突发性利空，因故不能及时看盘，错过卖出良机，研判错误造成亏损时，才不得已采取的最后的应急自我保护措施。

常见的止损方法有以下三种。

（1）定额止损法。

定额止损是指将亏损额度设置为一个固定的比例，一旦亏损大于该比例就及时卖出。这种止损方法无需任何特殊技巧，也无需依赖行情判断，完全依照个人对亏损的承受度而定。

如果自己能够承受的最大亏损幅度为 5%，一旦市场判断错误，或出现突发性的利空，亏损 5% 就无条件地斩仓出场。定额止损可以把亏损控制在自己可承受的范围内，最大限度地保护账户内的资金安全，以便为之后的交易机会保留可用的本钱。

定额止损有两个关键要素，一是交易者能够承受的最大亏损比例，这一比例与交易者的心态、经济承受能力、盈利预期有关。二是股价的波动幅度，即在没有外界因素影响时，股价自然波动的幅度。

图 3–3–2 是祥龙电业（600769）的 30 分钟 K 线走势图。交易者以 8 元 / 股的成本价买入祥龙电业 1000 手，考虑到该股的买入价格是 8 元 / 股，预先设置的止损百分比是 10%，即股价跌幅达到 10% 时，就平仓出局。

交易者买入该股后，股价一路震荡上涨，中途累计跌幅未超过 10%，因此交易者应继续持股。当股价到达 9.99 元时，股价在短时间内涨幅过大，运

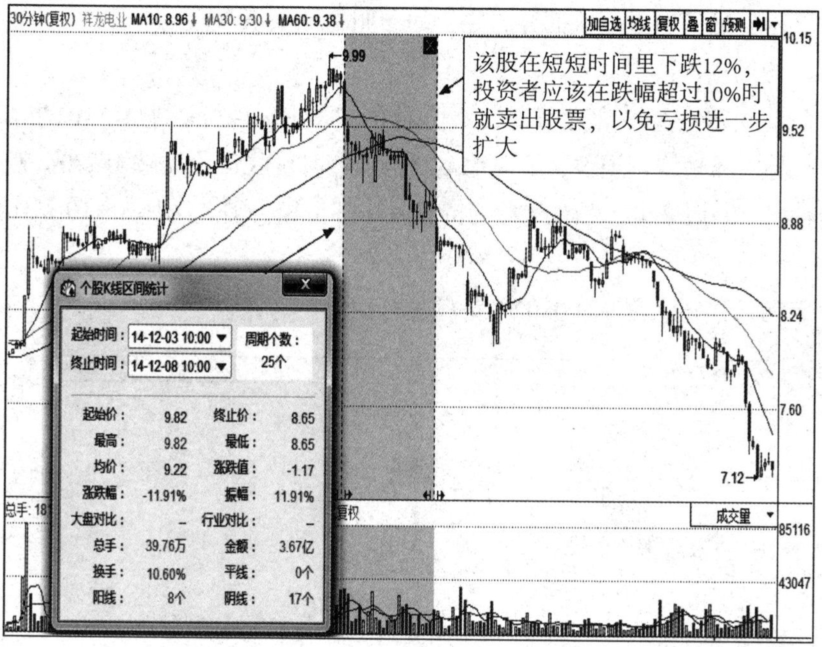


图 3-3-2

行方向开始反转，MA10 死叉 MA30 后，又再次死叉 MA60 均线。这种情况下，交易者要预先制定限价卖出指令，即价格在 9.99 元的基础上下跌 10%，也就是价位大约在 9 元时止损出局。当股价下跌至 9 元时，交易者就要卖出股票，完成止损。因为交易者按照设定的固定止损比例有效地实施了止损，规避了股价继续下跌的风险，保住了已经获得的利润。

在祥龙电业这个例子当中，交易者应该尽量在股价快到达 10% 止损位时果断完成止损操作，因为股价大幅上涨之后，下跌的速度可能会很快，如果当天收盘前未能止损，股价在第二天以低开低走的方式运行，那么止损价就会超过预先设置的 10% 的比例。

（2）技术止损法。

是将止损设置与技术分析结合起来，剔除市场的随机波动之后，在关键的技术位设定止损，以避免亏损进一步扩大。技术止损要求交易者有较强的技术分析能力和自制力。

技术指标的选择因人而异，主要的参照指标如下。

①均线止损法。

均线止损法是最为常用的技术止损方法之一，该方法将 MA10 均线作为上升趋势中的短线止损位，一旦 MA10 走平，股价收盘价跌破 MA10，就严格执行止损。一般来说，T+0 交易的持股时间都很短，因此选择 MA10 是比较合适的。

下面以福建水泥（600802）为例进行说明。

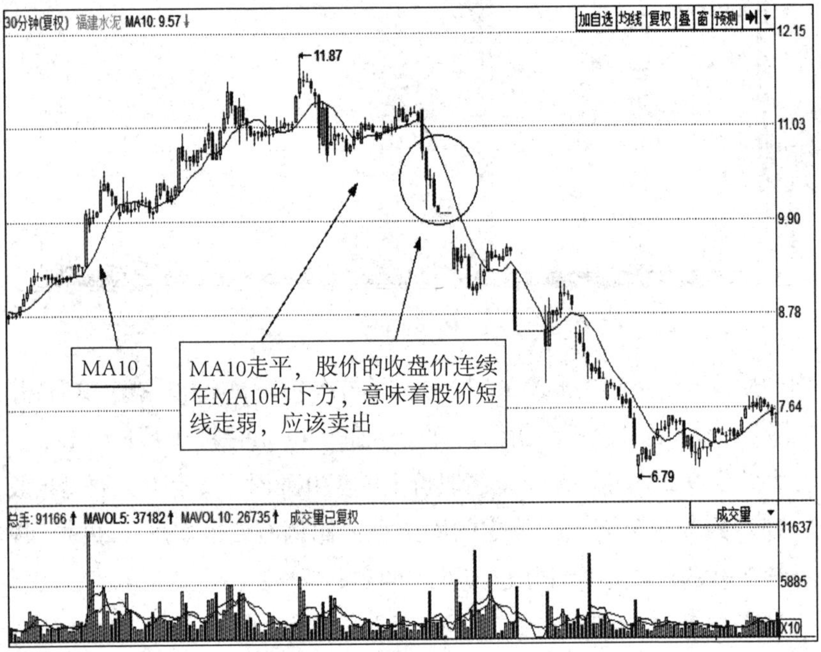


图 3–3–3

图 3–3–3 是福建水泥（600802）的 30 分钟 K 线走势图。当 MA10 走平，股价收盘价跌破 MA10 时，触发止损条件，应立即止损。按照该方法止损，不但回避了股价短线回调的风险，也避免了后期股价持续下跌带来的损失。

②趋势线止损法。

这种止损方法包括股价有效跌破趋势线，股价有效击破江恩角度线 1×1 线或 2×1 线，股价有效跌破上升通道下轨等。

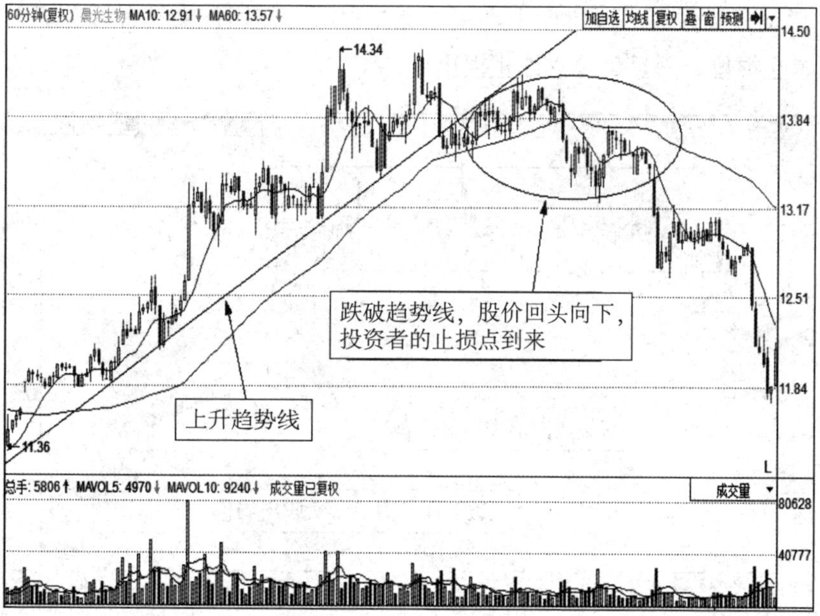


图 3–3–4

图 3–3–4 是晨光生物（300138）的 60 分钟 K 线走势图。该股前期维持一个单边上升走势，并在上升的过程中形成一个上升趋势线。随着股价的高涨，抛盘逐渐增多，个股的上升趋势难以维持，随后走出高位盘整的走势。在不断盘整的过程中，股价突破趋势线的支撑，预示着股价运行疲软，回落风险加大，交易者的离场时机也随之出现。

③形态止损法。

形态止损包括股价跌破头肩顶、双顶、圆弧顶等头部形态的颈线位，股价出现向下跳空突破缺口等。

④ K 线止损法。

这种止损方法是，在 K 线出现两阴夹一阳、阴后两阳阴的空头炮，或出现一阴断三线的断头铡刀，以及出现黄昏之星、穿头破脚、射击之星、双飞乌鸦、三只乌鸦挂树梢等典型见顶的 K 线组合时，果断止损离场。

⑤筹码止损法。

成交密集区会对股价产生直接的支撑和阻力作用，交易者可在筹码密集区设置止损位，一旦破位立即止损出局。

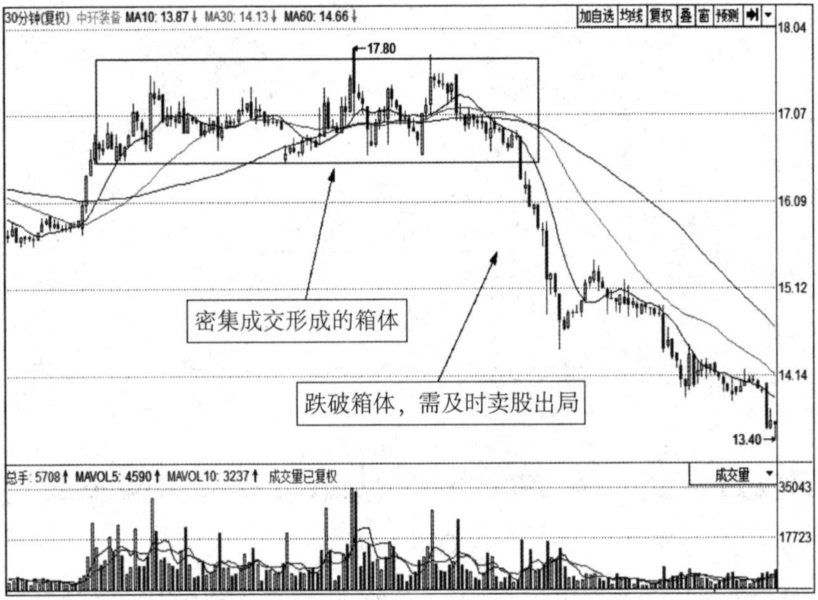


图 3-3-5

图 3-3-5 是中环装备（300140）的 30 分钟 K 线走势图。图中该股走出一个横盘震荡的走势，在震荡区间内形成一个筹码密集区。因为市场的筹码集中于此，若股价跌破此区间，也就意味着套牢盘众多，市场无力消化抛售筹码，股价也就只能进入加速下行的走势中，交易者必须在此处及时离场。

⑥指标止损法。

将技术指标发出的卖出信号作为止损依据，主要包括 MACD 形成死叉且出现绿色柱状线时，KDJ 指标在高位或中位出现死叉时，RSI 指标出现严重超买时。

（3）无条件止损法。

图 3-3-6 是上证指数的 30 分钟 K 线走势图。指数走出一波大幅下滑的走势，对应的市场走势是每天千股跌停。这样的行情走势，对交易者的要求

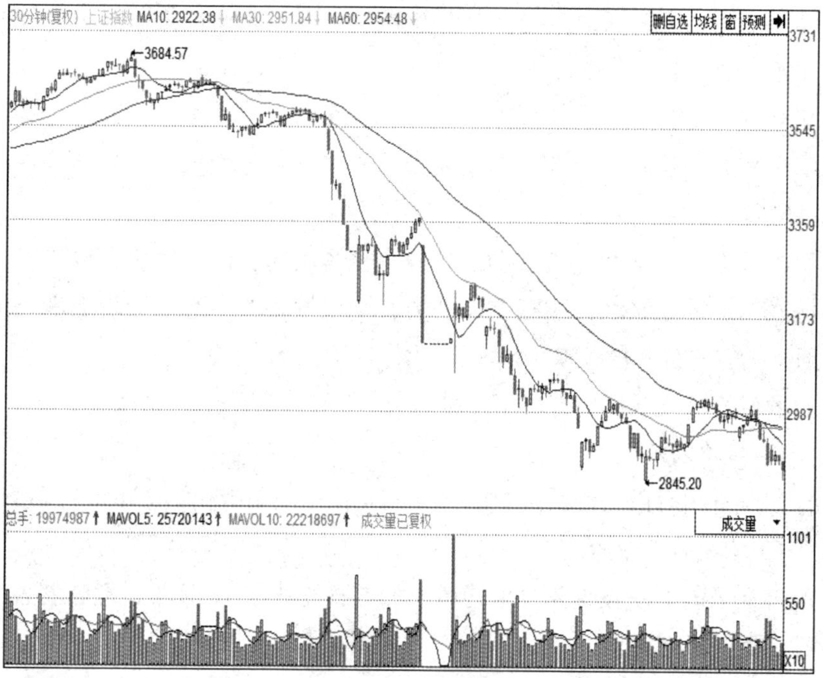


图 3-3-6

就是及时离场。市场也在回应这一要求，那就是股价不断下行。在这种情况下，若不能及时离场，面临的损失将难以想象。

## 二、止盈计划

止盈点的第一道防线是从高位下跌 5% 左右，如果这时没能及时止盈，第二道防线也就是最后一道防线，是在盈亏点之上坚决止盈，不能让盈利的交易变成亏损交易。在这个点位止盈，只是赚多赚少的问题。不能认为反正已经有盈利了，不怕下跌，有了这种思想，就会步步退让，眼看着盈利变成亏损。

止盈需要对股票进行认真的分析，计算预期盈利有多少，如 10%、20% 或 30%，当股价涨到目标点位时，就采取相应的卖出操作，果断获利了结，以后再涨多少也跟自己无关了。从字面上看，止盈就是中止盈利。止盈过后，虽然股价可能还会上涨，但仍要果断止盈。很多交易者就是因为不会止盈，过于贪婪，最后由赚变亏。

止盈技巧有以下两种。

第一种方法是静态止盈，即交易者预先设立目标价位，一旦达到目标，即止盈出局。

第二种方法是动态止盈，即在持股出现盈利时，由于股价上升趋势完好或题材炒作未尽等原因，还有上涨动力，则继续持股，直至股价上涨乏力，回落到某一位置时，再予以止盈卖出。

止盈位置的设定标准有以下几种。

（1）价格回落幅度。

比如股价相对最高价回调5%~10%（具体比例依市况而定）时，止盈卖出。

（2）均线破位止盈。

股价从上向下跌破重要价格均线，如5日均线或10日线，意味着短期趋势转弱，要立即止盈。

（3）技术形态止盈。

当股价上升到一定阶段出现滞涨，K线形成头部形态时，要坚决止盈。

交易者在止盈时一定要果断，因为止盈是保证资金稳定增值的基础。

## 第四节　资金仓位管理

很多T+0交易者把大量的时间花在选股和行情预测上，认为只有挑选到好股才能盈利。为了寻找到好股票，大家往往花费太多的精力，力求找到最好的分析方法、最值得交易的行情。然而，面对复杂多变的行情走势和忐忑不安的交易心态，看对而做不对的情况经常发生。

做对比看对更重要，T+0交易要求交易者有见招拆招的能力，对风险的预估、胜率的判断、市场机会大小、未来行情的适应能力，以及建仓、加仓、平仓、止损、止盈等环节，都要拥有丰富的经验。

做对的要求是：没有值得买入的机会坚决不买；有值得买入的机会，尝试轻仓买入；行情判断失误，及时卖出；出现重大收益的机会，分批加仓；行情趋势停滞不前，减仓处理；行情趋势掉头向下，清仓卖出。

所谓资金管理，即交易者对自己的资金在投资方向和投资节奏上采取一定的策略，更好地计划、利用和控制资金，以便在不同的股票、不同的行情中获取最大的利润，最大限度地规避风险。

资金管理实际上就相当于赌场里的下注，T+0 交易要对资金的投入方向和投资节奏进行有效把控，这是区分赢家与输家的关键。成功的交易者总是把正确的资金管理列为赚钱的头条原则。无论你是哪种类型的交易者，无论你在用什么方法从市场中赚钱，如果你不懂得资金管理，就很难在市场中长久生存。最优秀的 T+0 交易者并不是那些某一阶段赚钱最多的人，而是那些在出现错误交易时能把损失控制住，止损时亏得少，但做对行情时能赚取最大利润的人。

资金管理是 T+0 交易者应对不确定市场的盔甲，它能增强交易者抵抗市场风险的能力，确保在市场中能够长久地生存。资金管理有以下几点意义：可以拥有大概率胜出的机会，避免赌博的交易心态，有获得高额回报的机会，了解自己的风险承受能力，能够对付最糟糕的行情，使损失降到最低，能够保住账户中的资金，确保资金稳定增值。

资金管理是保证交易者长期稳定获利的重要方法。但是有很多散户认为，资金管理是拥有大资金的交易者才考虑的问题，自己账户里没有多少钱，不需要什么资金管理。殊不知，不重视资金管理，也是导致散户亏损的一个重要原因。很多散户一看到自己认为的好股票就马上下单，将全部资金押了进去，运气好的时候会大赚，运气不好时则亏损，又不舍得割肉出局，导致亏损越来越大。

散户投资者还常常处在满仓状态，有时行情看好，发现明显的机会，但是无奈手头缺乏资金，只能眼睁睁地错失良机。T+0 交易最好不要满仓操作，要耐心等待重大的和可控的交易机会出现，捕捉大机会，打大胜仗。T+0 交易必须明白，操作的质量远大于操作的数量，要安静耐心地“等风来”，抵住诱惑，不是好机会不出手，一出手就必赢。

有经验的交易者都知道，股价走势具有很大的随机性，即便是纯粹的技术派分析人士也承认，股价走势在一定程度上是随机的。既然股价具有不可预测性，自然就存在风险，所以必须引入风险控制的概念，而仓位控制是实战中最直接的风险控制方法。

所谓仓位，就是交易者在个股上的持仓数量或资金投入比例。仓位控制也是短线操作中十分重要的一个环节，但很多散户在实战中却很难通过良好的仓位控制实现利润最大化，风险最小化。

良好的仓位控制技巧，是交易者在这个处处有机关、时时有陷阱的股票市场中生存的有力武器。通过有效的仓位控制，可以变被动为主动，做到进可攻，退可守。不同的市场对仓位的要求是不同的，仓位的大小，还会影响到交易者的心态，较重的仓位会使人忧虑焦躁。最重要的是，仓位轻重会影响交易者对市场的态度和行情走势的判断，导致分析判断出现偏差。

T+0 交易的资金管理策略主要表现在仓位控制上，通常有三种仓位管理法则。

行情好的时候，7 成仓股票，3 成现金。

行情弱的时候，3 成仓股票，7 成现金。

行情火爆时，可以满仓，但不建议初学者满仓操作。

# 第四章
# T+0 的时间策略

## 第一节　早盘 T+0 交易

**一、早盘卖出法**

早盘主要指股市开盘的 30 到 60 分钟内，在这短短的 30 到 60 分钟内，其走势往往决定了几乎整个交易日的走势。在每天正式开盘前，多空双方很多时候并不能在集合竞价时达成统一，因此，开盘后的 30 到 60 分钟时间，往往成为多空双方争夺最为激烈的时候。

这时的股价会出现较大幅度的波动，多空双方在这 30 分钟里不计血本，斗得头破血流。但也正因为多空力量的剧烈争斗，使得该时段的价格走势对股价的未来运行产生重要的影响。早盘走势对于 T+0 操作来说尤为重要，这是盘中判断 T+0 操作的重要依据。

尤其在面临趋势方向的选择时，股价从高位调整转为下降趋势，此时空方力量强大，股票下行趋势势不可挡，但多方会在空方的剧烈打压下作最后一搏，这时就是 T+0 交易者卖出股票的最佳时间点。

图 4-1-1 是东风汽车（600006）2016 年 7 月 7 日的分时走势图。从图中可以看到，2016 年 7 月 7 日开盘后，股价经过简单的洗盘即开始上冲，在多方势力的两波拉升下创出日内高点。但这两波拉升耗费了多方大量的做多动能，其后量能难以维持，股价开始出现回落。此后的时段内股价反弹力度很弱，

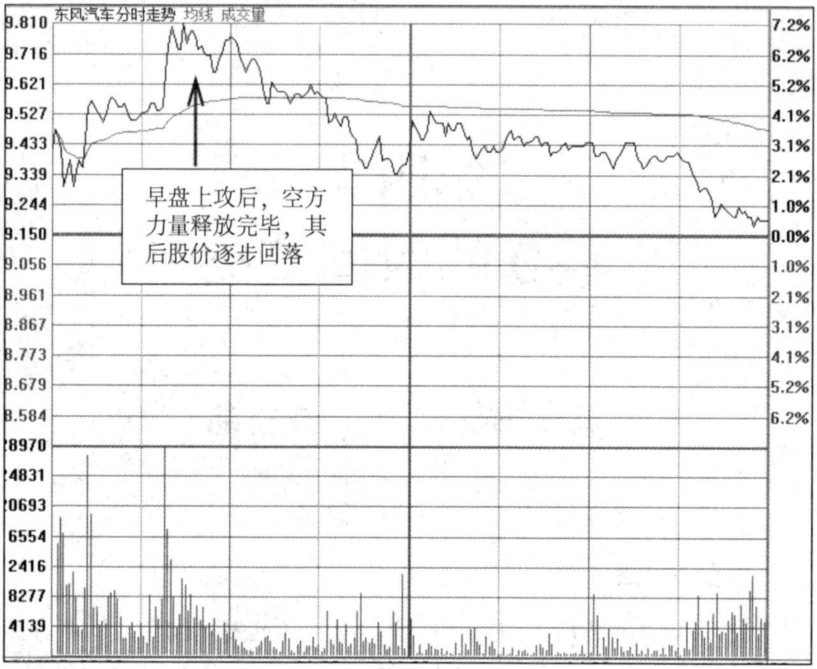


图 4-1-1

一直维持下行趋势，交易者可在高点形成后卖出股票。

股价早盘冲高未果后，全天一直维持下跌走势，说明空方通过早盘的争夺，已经完全占据主动。这一走势也会在次日的盘面上表现出来，次日大多会以低开的方式开盘。若是下行趋势形成的话，股价全天的走势也难言乐观。下面看图 4-1-2。

图 4-1-2 是东风汽车（600006）2016 年 7 月 8 日的分时走势图。个股早盘出现低开的走势，这是延续前一天股价下行走势的结果，也可以说是前一天的下行给当天的走势造成了威压。个股快速下跌后，虽然盘中也出现了一波反弹，但这一波反弹不能改变个股的整体走势，随后股价继续震荡，下行趋势进一步得到确认。

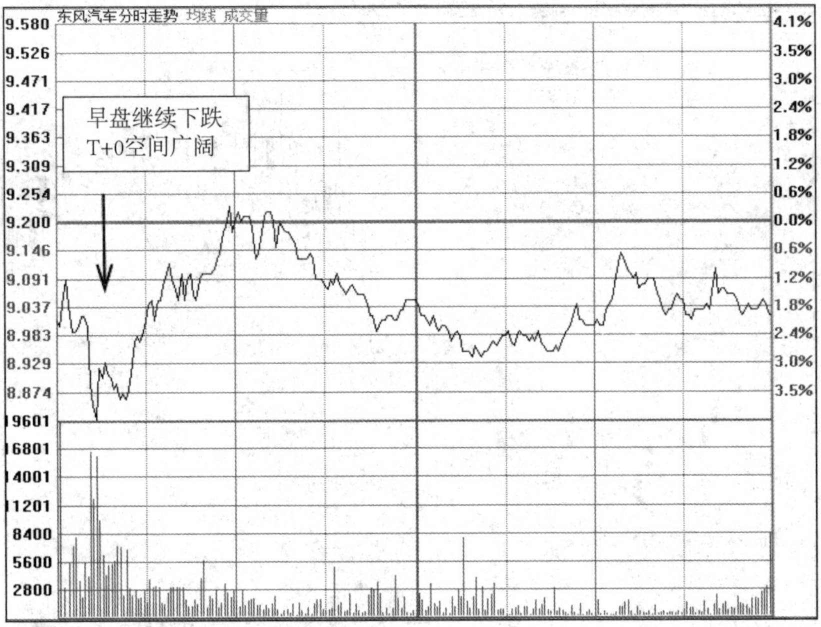


图 4-1-2

对于这种短期趋势处于跌势的股票，在进行 T+0 操作时，早盘开盘后 30 到 60 分钟内的走势是最关键的，往往会在这一时间段形成当天的 T+0 卖点。进行 T+0 交易的交易者可以时刻关注早盘走势，从中发现当天交易的高低点。

下面来看个股的日线走势，如图 4-1-3。

图 4-1-3 是东风汽车（600006）在 2016 年 5 月—2016 年 8 月的 K 线走势图。个股在前期经过一段时间的横盘震荡，获取了股价的上升动力。个股走势在一根大阳线之后开始走出上行趋势，股价连续大幅拉升。在个股股价的大幅上升中，做多力量也在快速地消耗，而做空力量在快速地积累，个股在高位走出震荡的走势。

个股在高位震荡时，若是不能消化抛盘的压力，将带动更多的筹码卖出，个股的下行趋势也会就此形成。在下行趋势形成后，股价在早盘的任何一次反弹都是 T+0 交易的卖点。

图 4-1-3

交易者在早盘卖出时，要注意结合 K 线走势研判当日的 T+0 操作。早盘不仅是 T+0 操作的最佳卖点，对于上涨中的个股，也是低位买入的最佳时机。很多上涨中的个股往往在早盘经过简单的洗盘后，即出现持续上涨走势或者直接拉至涨停。

## 二、早盘买入法

开盘后的多空争夺战中，如果多方战胜了空方，那么股价就会出现持续上涨。空方此时垂死挣扎，股价也许会在盘面上形成短时间的低开低走。作为 T+0 交易者来说，要及时关注开盘后的走势，一旦发现股价略有回调后转为强劲上涨，就要及时跟进买入，早盘回调洗盘的低点，往往会成为全天的低点。

很多时候，在集合竞价时，多方就已经占据了优势，这时开盘往往会以高开的方式出现。有时股价会以接近昨日收盘的价位开盘，T+0 交易者也要注意其中的交易机会。

下面来看案例。

图 4-1-4

图 4-1-4 是首创股份（600008）2016 年 9 月 6 日的分时走势图。从图中可以看到，该股在 2016 年 9 月 6 日以稍高于昨日收盘价的价格开盘，开盘后即进入下跌走势。经过短暂的小幅下跌之后，股价很快出现了震荡回升走势，开盘后的下探也成为全天的最低价。对交易者来说，早盘出现的下探成为当日 T+0 操作的最佳买点。

该股在洗盘后开始后期的上升走势，同样，这一上升走势也会延续到第二个交易日。下面来看图 4-1-5。

图 4-1-5 是首创股份（600008）2016 年 9 月 7 日的分时走势图。该股在第二天的早盘以直接的单边上涨延续前一交易日的股价上行走势。但交易者在股价上行的过程中也要注意到，因为持续的股价上行，做多力量会被大量

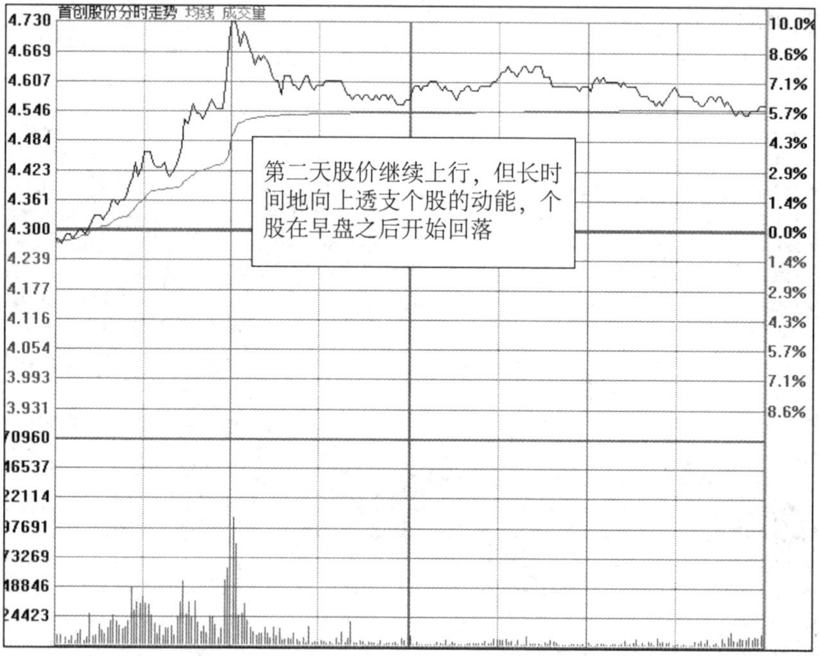


图 4–1–5

透支，个股回落近在眼前。在股价形成一个高点后，交易者要注意 T+0 交易的短期卖点可能来临。

下面来看日线走势，如图 4–1–6 所示。

图 4–1–6 是首创股份（600008）2016 年 7 月—2016 年 9 月的 K 线走势图。该股股价前期逐步抬高，同时伴随着量能放大，这是明显的资金介入迹象。资金介入为以后的个股抬升打下了基础。随着股价的抬升，一些浮筹开始出现，这时就有洗盘的需要。

主力在完成吸筹并清洗筹码后，开始拉升股价。在股价拉升过程中，任何回调都是买进的机会，T+0 交易可以根据分时走势高抛低吸，获取更多的收益。

下面再看一个早盘高走买进的案例。

图 4–1–7 是浙江广厦（600052）2015 年 10 月 12 日的分时走势图。该股

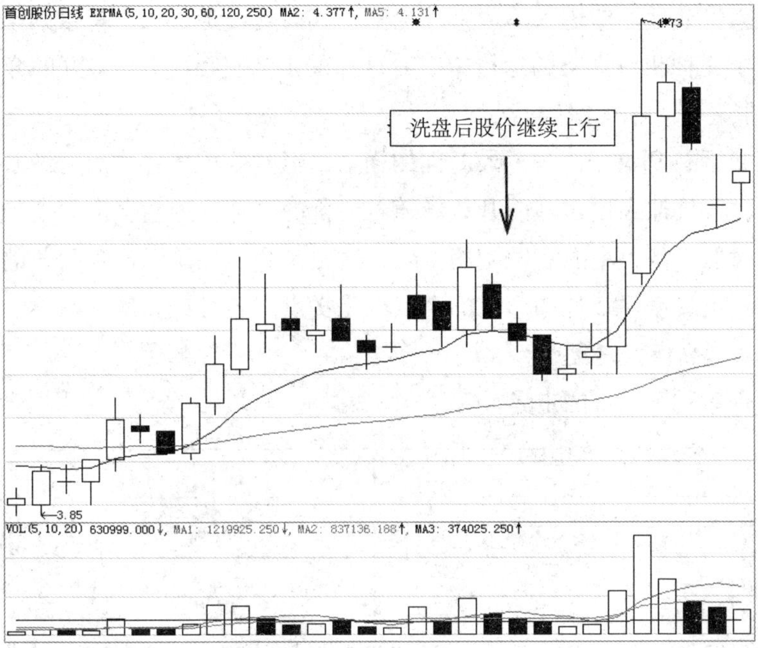
首创股份日线 EXPMA(5,10,20,30,60,120,250) MA2: 4.377↑, MA5: 4.131↑
4.73
洗盘后股价继续上行
3.85
VOL(5,10,20) 630999.000↓, MA1: 1219925.250↓, MA2: 837136.188↑, MA3: 374025.250↑

图 4-1-6

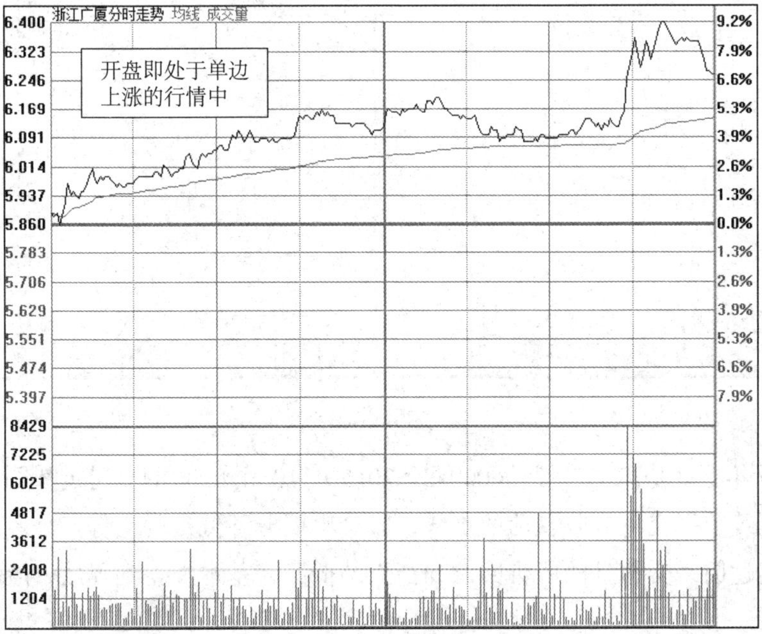
浙江广厦分时走势 均线 成交量
开盘即处于单边上涨的行情中
6.400
6.323
6.246
6.169
6.091
6.014
5.937
5.860
5.783
5.706
5.629
5.551
5.474
5.397
9.2%
7.9%
6.6%
5.3%
3.9%
2.6%
1.3%
0.0%
1.3%
2.6%
3.9%
5.3%
6.6%
7.9%
8429
7225
6021
4817
3612
2408
1204

图 4-1-7

当天早盘平开后，即进入单边上涨走势，其后这种走势一直持续到尾盘，全天都处于一种相对强势的运行中。对这样的走势，T+0 交易最好的介入机会就在个股还未大幅上涨的早盘。

股价运行到盘中出现一段时间的横盘，经过这段横盘之后，做多力量更加充分，股价迎来更猛烈的升势。随着股价的高涨，抛盘会大量增加，若是买进的量能不济，个股有回调的风险，这也是个股在尾盘出现回落的原因。对于 T+0 交易来说，冲高形成的高点就是卖点。若是没有底仓卖出，那么第二日的反弹高点就是卖点。

下面来看第二日的走势。

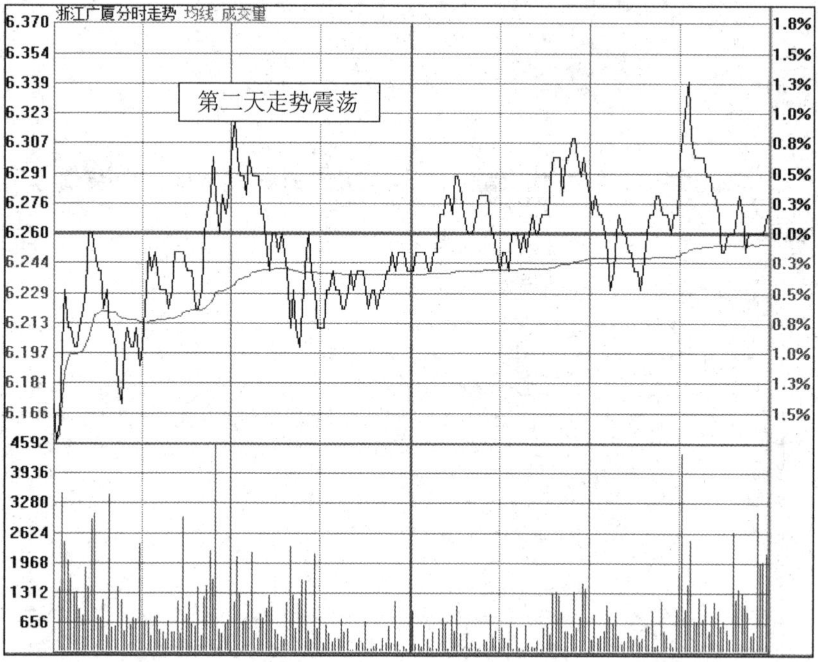


**图 4–1–8**

图 4–1–8 是浙江广厦（600052）2015 年 10 月 13 日的分时走势图。该股早盘延续前一交易日收盘前的走势，股价出现低开低走的走势。个股的做空动能经过前一交易日的股价回调和当天的低开，基本上得到释放，股价继续

做空的力度开始减弱。这时做多力量经过休整，走出反弹的走势，这一走势中的高点形成 T+0 交易的卖点。

该交易日的震荡走势，是因为前一交易日做多力量透支的结果，但个股的上升动力仍在。经过一段时间的震荡，股价会重新向上，这一点需要借助日线走势来判断。

下面来看日线。

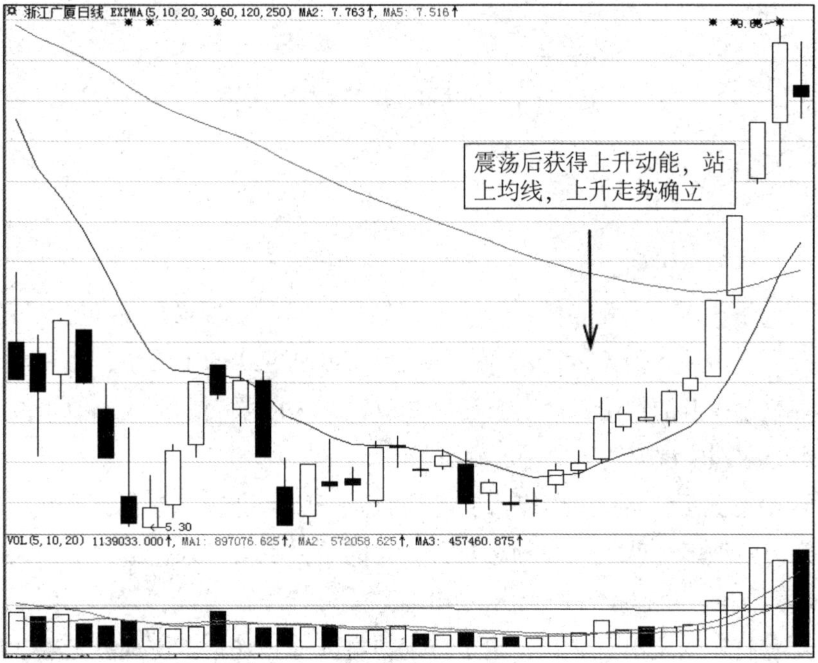


图 4–1–9

图 4–1–9 是浙江广厦（600052）2015 年 9 月—2015 年 10 月的 K 线走势图。该股在前期走出一波大幅下跌走势，随着股价的大幅回落，做空力量得到释放。这时在低位看好个股的资金开始逐渐介入，个股在低位走出震荡吸筹的走势。

经过一段时间的吸筹后，股价获得上升动力。随着股价站稳均线，个股的上升走势也得以确立。这时交易者可以积极介入，获取股价拉升的利润。T+0 交易可以高抛低吸，获取翻倍收益。

T+0 交易中，要结合 K 线走势决定当日的操作。前一个交易日出现中阳 K 线时，当早盘出现小幅下跌或急跌时，交易者应当选择股价略有回升时买入。若是股价运行趋势为下跌时，情形恰好相反，应当择机卖出。

若股价在早盘未出现下跌，而是直接以跳空高开的方式开盘，并出现快速上涨走势时，说明股价进入快速拉升阶段，此时买入要果断，因为后期极有可能快速封至涨停。此时交易者应当终止 T+0 操作，选择在次日拉高后卖出。

## 第二节 尾盘 T+0 交易

### 一、尾盘卖出法

这里给盘尾的典型走势做一个简单划分，就是尾盘拉升或者尾盘打压。尾盘拉升是指股票全天运行较为平淡或处于波动起伏的走势中，在尾盘时突然出现急速拉升的情况。尾盘打压则相反，全天股票交易平淡或处于波动起伏的走势中，尾盘突然出现跳水的情况。

这种情况下，T+0 操作应当引起注意。一般来讲，尾盘出现拉升，若不是主力力主做多，就是主力刻意拉升，目的是吸引买盘跟进，为第二天高位出货预留空间，急速拉升的卖出意味明显。

尾盘打压的卖出意义就不用多言了，在 A 股市场上，出现过无数次尾盘跳水的走势，14:30 成为 A 股跨不过的坎儿。

下面通过两个案例来介绍这种走势下的 T+0 交易机会。

图 4-2-1 是浙江广厦（600052）2015 年 8 月 19 日的分时走势图。个股当天早盘低开后，即进入震荡上行走势中，但上升的力度很弱，随后股价跌破均价线，进入单边下行走势中。股价在下行中大幅回落，回调最深时接近 8 个百分点。其后股价虽收回失地，但也是维持在均线附近震荡，直到接近 14:00 的尾盘时间，股价才开始大幅拉升，在尾盘一个小时的时间内拉升 6 个

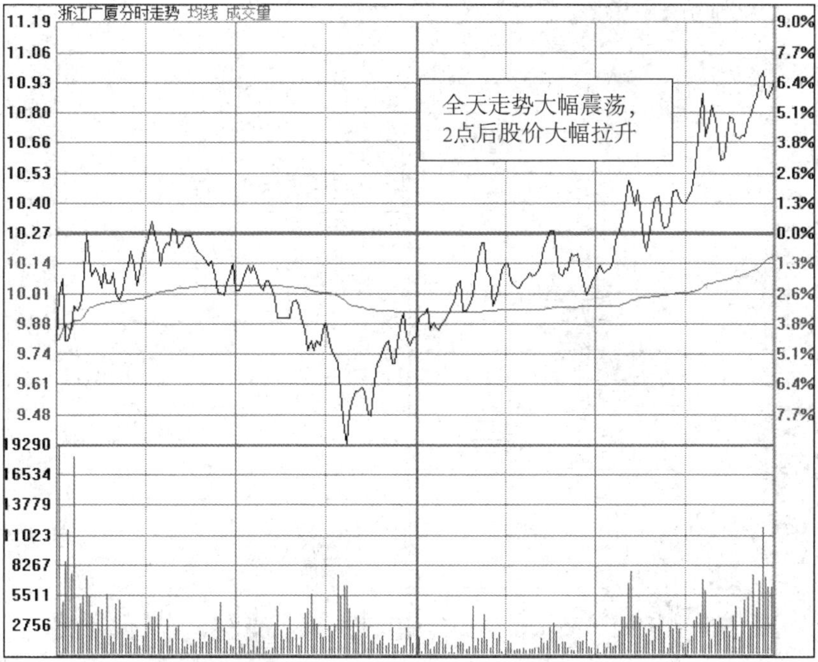


图 4-2-1

百分点。

个股震荡意味着行情走势不流畅，尾盘拉升看似行情走出上升趋势，其实这不过是大资金设的一个局而已，目的是吸引买盘跟进，从而达到第二天高位顺利出货的目的。

下面来看第二日的走势。

图 4-2-2 是浙江广厦（600052）2015 年 8 月 20 日的分时走势图。该股前一天尾盘大幅拉升的走势并未延续到这一交易日，股价当天直接出现低开走势，个股低开后也并未做出大幅反弹的举动，而是在一个弱反弹后继续震荡运行，并慢慢跌破均价线，最终在尾盘阶段出现大幅滑坡。

这一走势中的问题在于，留给交易者 T+0 操作的空间太少且机会难以把握，稍有不慎就会出现重大损失。在前一个尾盘选择买入的交易者，一旦发现有破位下跌的情况发生时，应当果断清仓出局。对于这一点，交易者在实

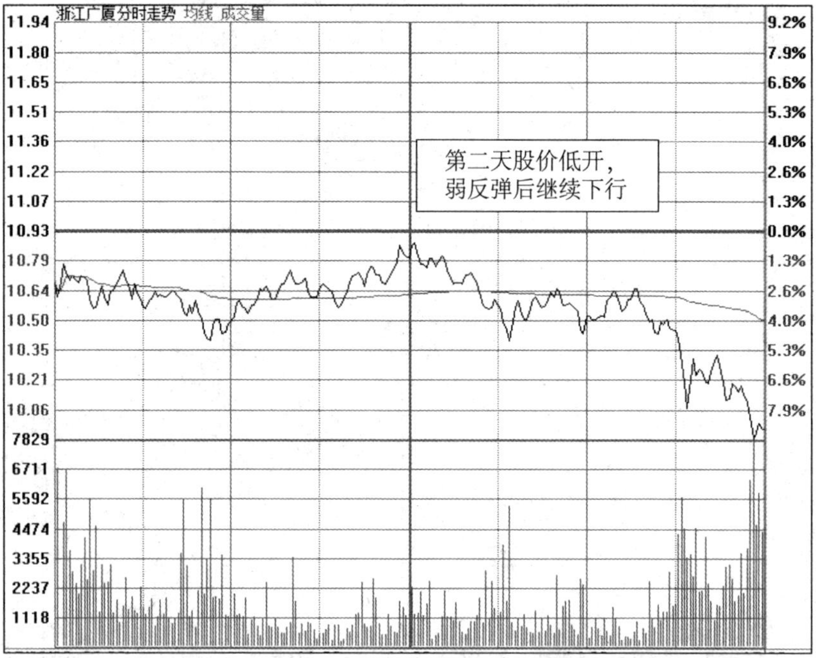


图 4-2-2

战中要有清醒的认识。

下面来看日线图，以从中发现个股走势的内在原因。

图 4-2-3 是浙江广厦（600052）2015 年 7 月—2015 年 8 月的 K 线走势图。个股前期出现一波大幅下跌的走势，随着股价的大幅回落，主力在低位经过震荡吸筹后，走出一波反弹行情，股价连续走出三个涨停板。在连续三个涨停板后，股价的反弹动力减弱，在高位走出震荡走势。

交易者需要注意的是，这时个股仍处于下行区间内，股价大幅回落带给交易者的阴影仍然存在，在高位接盘的交易者不多。伴随着股价的反弹，场内又出现大量急于兑现的筹码。这时，盘面上只能通过震荡的方式实现筹码换手。大资金要想完成出货任务，也只能利用少量资金拉升股价，吸引买盘跟进或直接打压出货。个股在盘面上多次走出大阳线，即是这一因素造成的。后期股价连续下跌，也是这一因素造成的。

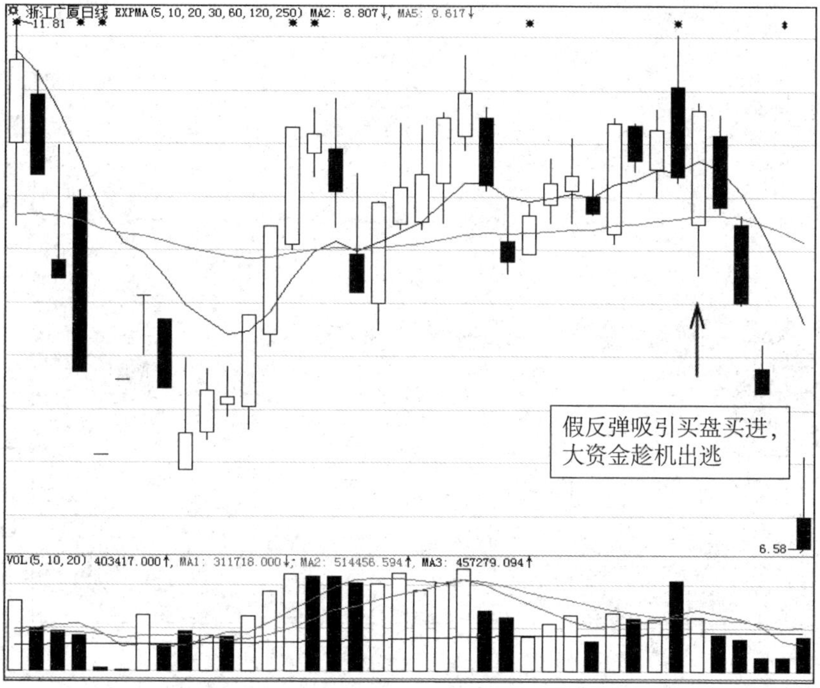


图 4-2-3

一句话，大资金要出货，但市场的消化能力不够时，大资金就会利用筹码优势造成市场繁荣的虚假景象，从而吸引买家接盘。

下面来看尾盘打压卖出的机会。

图 4-2-4 是鱼跃医疗（002223）2015 年 11 月 26 日的分时走势图。该股当天早盘低开后，出现一波快速下跌。个股的快速下跌释放了做空的能量，股价随后慢慢企稳，进入震荡走势中。此后个股的震荡走势一直持续到尾盘，但运行到尾盘后再次出现加速下跌，股价又一次下探。

个股全天都维持在相对弱势的状态，这一弱势状态若得不到改观，个股将会慢慢步入下行趋势中。在下行走势中，交易的难度加大，任何时候的反弹都是离场机会。T+0 交易也需要注意控制风险，以免损失扩大。

下面来看第二天的走势。

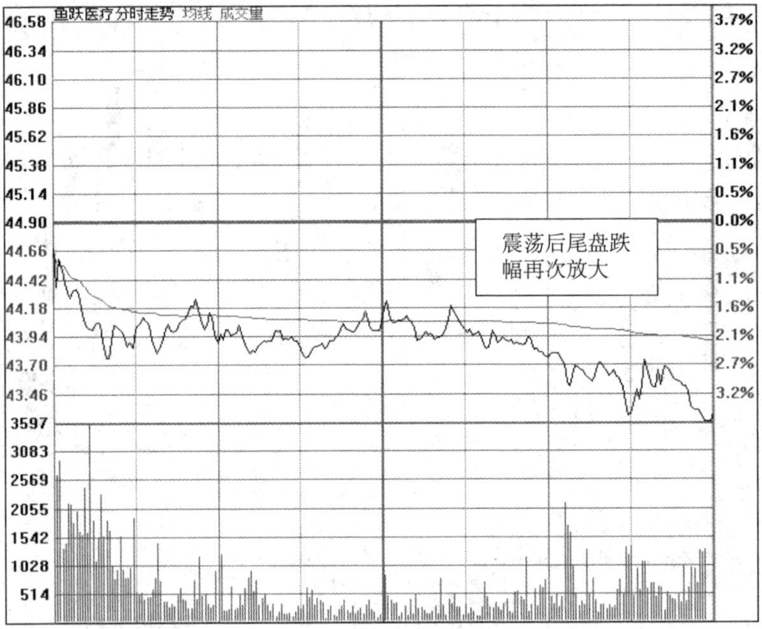
鱼跃医疗分时走势 均线 成交量
46.58
46.34
46.10
45.86
45.62
45.38
45.14
44.90
44.66
44.42
44.18
43.94
43.70
43.46
3597
3083
2569
2055
1542
1028
514
3.7%
3.2%
2.7%
2.1%
1.6%
1.1%
0.5%
0.0%
0.5%
1.1%
1.6%
2.1%
2.7%
3.2%
震荡后尾盘跌
幅再次放大

图 4-2-4

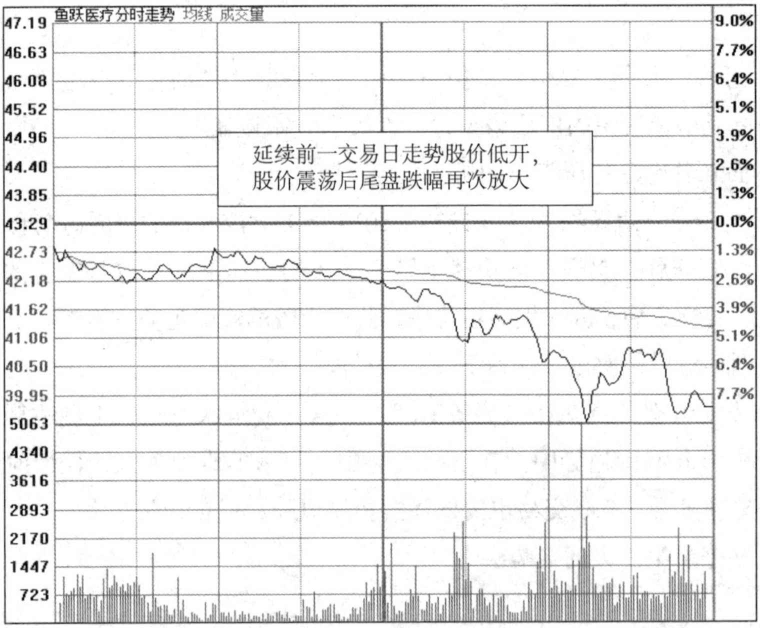
鱼跃医疗分时走势 均线 成交量
47.19
46.63
46.08
45.52
44.96
44.40
43.85
43.29
42.73
42.18
41.62
41.06
40.50
39.95
5063
4340
3616
2893
2170
1447
723
9.0%
7.7%
6.4%
5.1%
3.9%
2.6%
1.3%
0.0%
1.3%
2.6%
3.9%
5.1%
6.4%
7.7%
延续前一交易日走势股价低开，
股价震荡后尾盘跌幅再次放大

图 4-2-5

图 4–2–5 是鱼跃医疗（002223）2015 年 11 月 27 日的分时走势图。该股当天直接出现低开低走的走势，这是上一交易日个股走势疲软的延续。股价低开后并未作出大幅的反弹动作，而是在一个弱反弹后继续震荡运行，并慢慢跌破均价线。股价运行到尾盘时，再次出现大幅滑坡。

个股的弱势在这一交易日得到延续，下行趋势进一步得到强化，交易者对此应有清醒的认识，注意及时离场，保住收益。

下面来看日线走势。

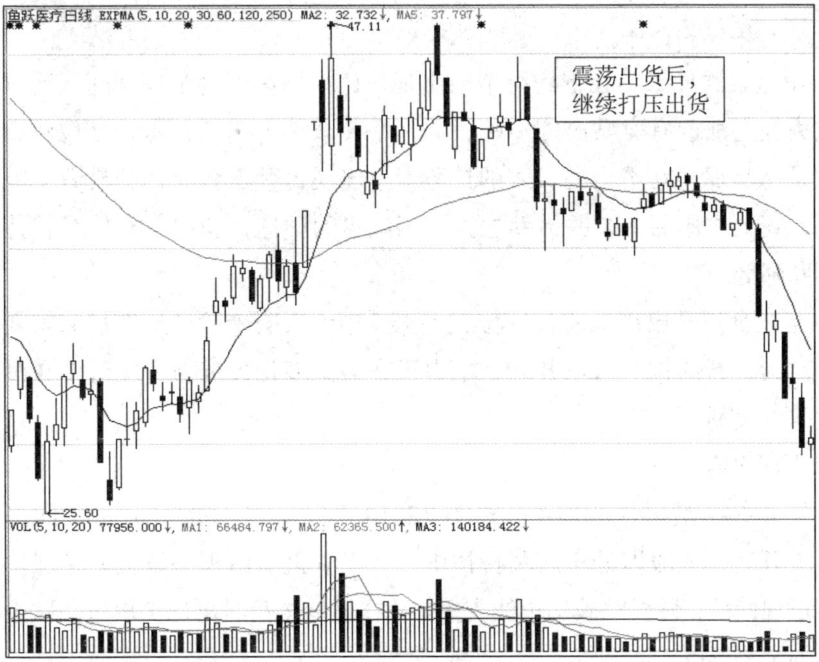


图 4–2–6

图 4–2–6 是鱼跃医疗（002223）2015 年 8 月—2016 年 1 月的 K 线走势图。该股在前期经过低位震荡吸筹后，走出一波反弹行情。股价在这一波反弹中涨势不错，从低点时的 25 元左右一直上涨到 47 元以上。股价大幅上涨后，遇到的抛压也越来越重，随后个股在走势上形成震荡的走势。股价大幅震荡，走势放缓，又带来更多的抛盘，个股的下跌趋势逐步确立。

尾盘拉升要注意拉升形态出现的位置，低位与上涨途中出现的尾盘急拉更加可信，表明主力是在为做多积极准备，此时交易者可在盘中积极做 T+0 交易。如果已是连续上涨多日，尾盘急速拉升则有诱多的嫌疑，要小心提防，交易者可选择在尾盘拉升的高位择机卖出。

个股在高位出现尾盘打压，大多是下跌行情的开始。若是下跌末端出现尾盘急升，预示着反弹即将到来，但此时上升行情不够稳定，抢反弹时要注意控制风险。

## 二、尾盘买入法

尾盘急跌如果是在上涨行情前出现，比如横盘震荡整理期间，这时往往是主力在起涨前有意做出的一种假象，令 K 线图上出现技术性破位的走势，目的是恐吓那些在平台处买入的持股者。出现这种走势时，交易者不但不能离场，还要大胆买入，并借助主力震荡洗盘的动作，利用 T+0 技术将持仓成本不断降低。

当尾盘拉升出现在股价低位或上涨途中，表明个股经过洗盘后重新获得上升动力，新的拉升行情开始，主力正在为做多积极准备，此时可在盘中积极做 T+0 交易。

下面来看案例。

图 4-2-7 是川仪股份（603100）2016 年 6 月 21 日的分时走势图。当日早盘平开后，该股即处于震荡行情中，并于午盘前出现一波上升走势。午后股价出现回落，慢慢跌破均价线支撑，并在接近尾盘时出现了放量急跌走势，个股的走势形态一时变坏。

就当天的分时走势来看，个股的运行趋势不是太好，较好的 T+0 买点也不存在，但个股第二天的走势却与当天的走势截然相反。

图 4-2-8 是川仪股份（603100）2016 年 6 月 22 日的分时走势图。该股第二天的走势中完全没有受到第一天走势的影响，早盘略微低开后，即开始稳步上行，全天涨幅接近 5 个百分点。

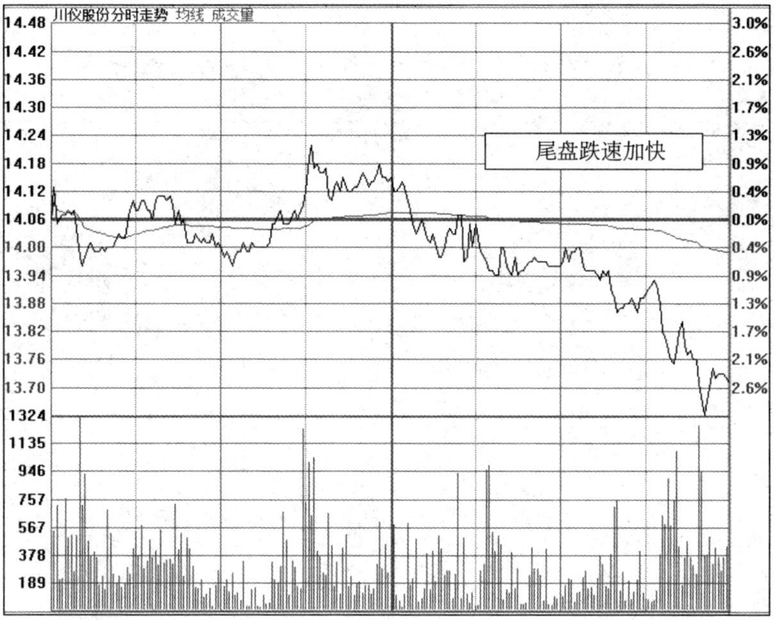


图 4-2-7

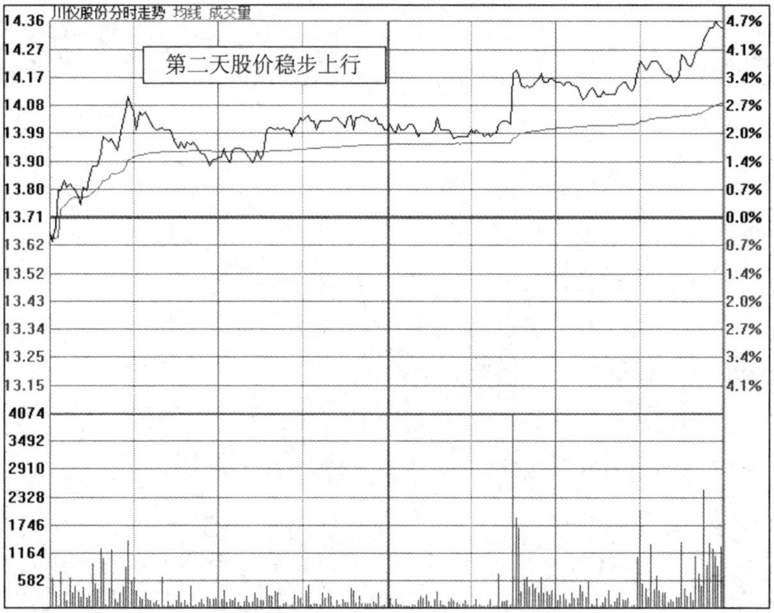


图 4-2-8

若是交易者预先知道第二天的上涨走势，前一交易日的低点正是 T+0 操作的最好买点。但怎样才能预知这一走势呢？下面来看日线图。

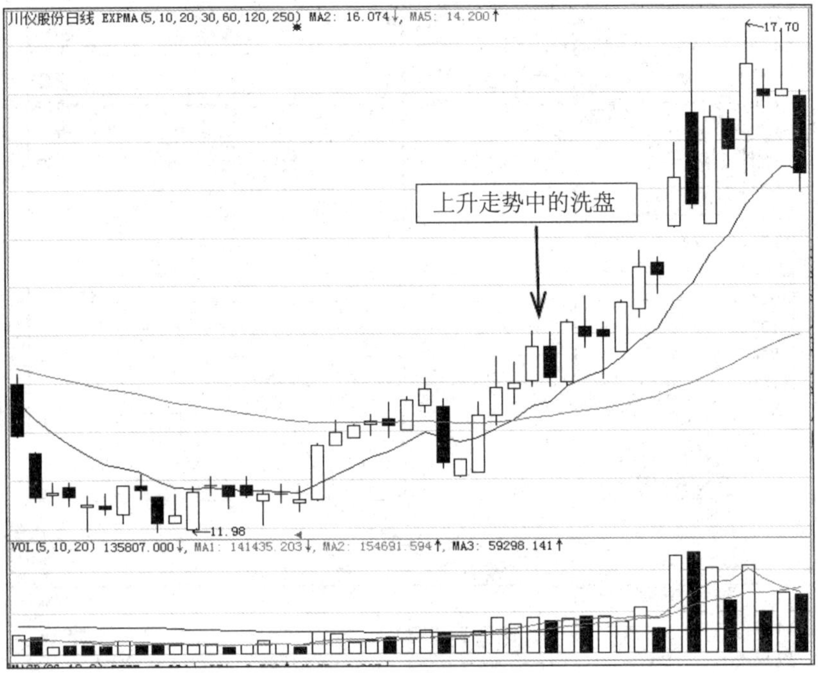


图 4–2–9

图 4–2–9 是川仪股份（603100）2016 年 5 月—2016 年 7 月的 K 线走势图。从图中可以看到，个股走势是处于一个上升趋势中，对应的尾盘打压分时 K 线正是出现在股价洗盘阶段。主力利用尾盘的一次打压，让交易者看空个股的预期，进而纷纷卖出股票。而大资金在第二天的一波拉升中，就让这些失去筹码的交易者再也没有低价接回的机会。

若是交易者能够看到个股尾盘打压是处于洗盘阶段，而且这一阶段正是为了清洗浮筹而设计的，相信大家就能有更合理的操作，T+0 交易的买点在这一时刻也会显现出来。

尾盘打压若是出现在股价处于高位区或是下降途中，应当果断卖出。因为在高位区，主力极有可能是在做顶，此后行情将开始转跌。下跌或反弹途中出现尾盘急跌，则说明反弹已经结束，股价将恢复下跌。

下面来看一个尾盘拉升的案例。

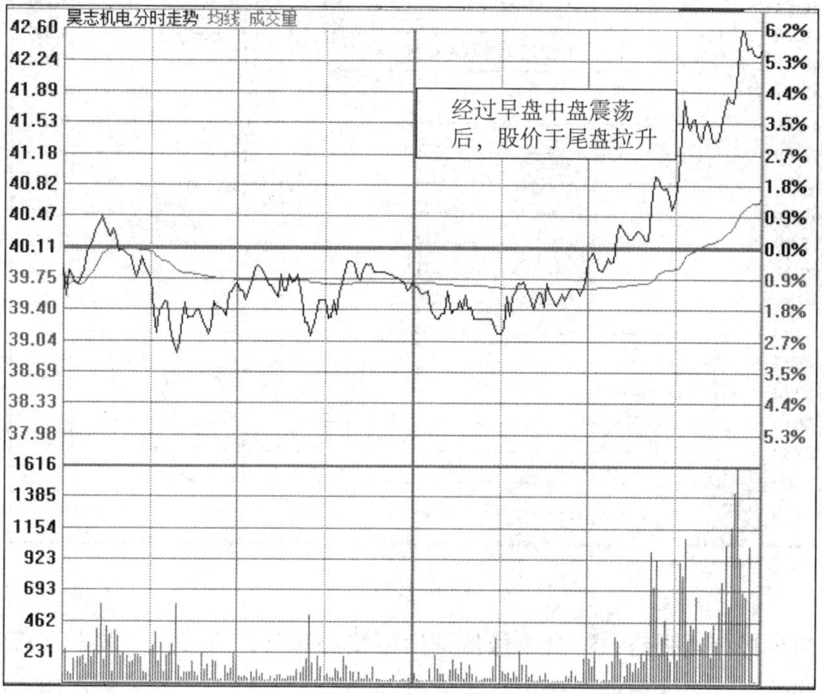


图 4-2-10

图 4-2-10 是昊志机电（300503）2016 年 5 月 26 日的分时走势图。在分时图中，股价早盘稍微低开后即走出震荡的走势，这一走势一直持续到下午 14:00 的尾盘。个股筹码在这波震荡中充分换手，为以后的个股选择方向打下了基础。

个股经过前期的震荡后，在尾盘走出拉升的走势，表明个股已作出方向选择。个股的运行方向确定后，必然具有一定的持续性，第二天将顺着这一走势继续运行。

下面来看第二天的走势。

图 4-2-11 是昊志机电（300503）2016 年 5 月 27 日的分时走势图。该股

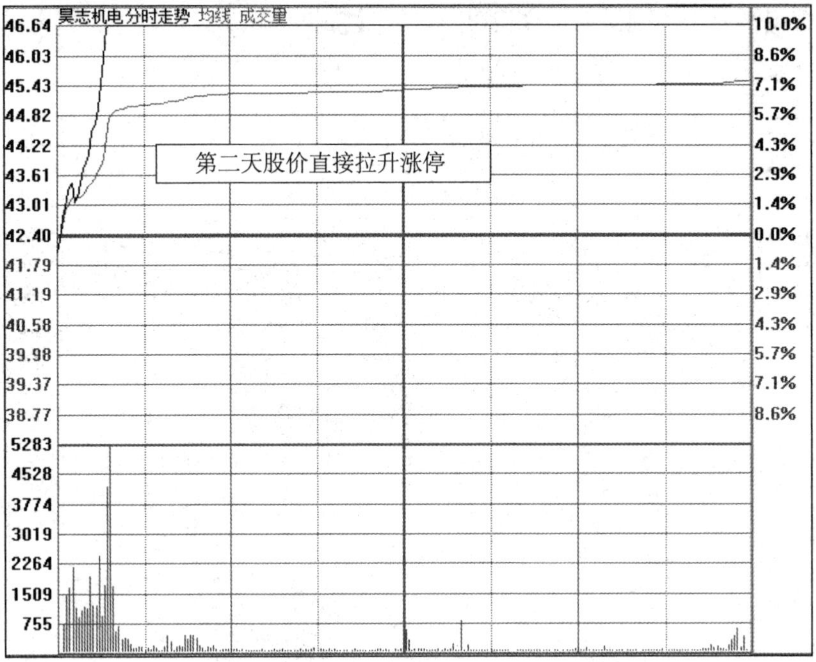


图 4-2-11

当天的走势相当强势，早盘略微低开后便快速拉升，股价在一波上升行情中封上涨停板。在这样的走势中，交易者介入的机会较少，若不能在前一交易日买进，将错过股价大幅拉升的机会。

股价经过前一交易日的震荡后，在尾盘作出方向选择，前一日的尾盘拉升就是买进的信号。这一信号对一些交易者有效，同样对一些大资金也有效。大资金不会轻易让散户拿到廉价筹码，所以第二天一开盘便急速拉升，让散户在惊讶中错失买进机会，等再买进时股价早已拉高。

下面来看日线图。

图 4-2-12 是昊志机电（300503）2016 年 4 月—2016 年 7 月的 K 线走势图。个股在前期出现了长达月余的震荡走势，这一波震荡走势正在酝酿上升的力量。个股上升动力经过不断的积累，最终迎来行情的突破，在低位走出中阳线并站上均线。

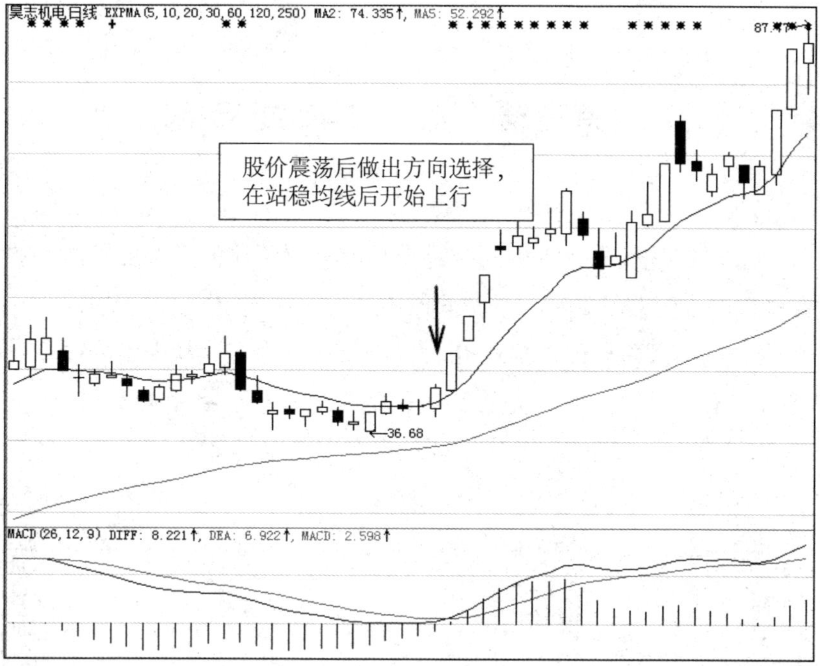


图 4-2-12

股价在站上均线后，接着进入到了拉升行情，这时个股在走势上连续涨停，交易者少有介入的机会。等到交易者意识到股价快速拉升时，个股早已站上高位，这时买进的风险会大幅放大。

对比分时走势和日线走势，5 月 26 日的尾盘拉升正是这一波行情的转折点，标志着股价由震荡走势转变为拉升走势，交易者若是在尾盘积极买进，其后将获得一份“厚礼”。

尾盘急跌出现在低位时是可信的，多是主力有意砸盘所致，此时交易者可以积极入场做多，之后股价很快会进入拉升行情。也就是说，这时尾盘出现的异动反而成为一种入场信号。尾盘急跌若是出现在高位或下降途中，应当果断卖出股票，以免遭受不必要的损失。

# 第三节　盘中 T+0 交易

在 T+0 操作过程中，盘中同样是交易者需要关注的一个关键时间段，很多时候股价的改变就发生在这一时间段中。

股价经过早盘阶段的激烈争夺后，方向初步确定，盘中走势往往延续早盘多空双方争夺后的结果。若是多方战胜空方，走势会持续走多。若是空方战胜多方，则会持续走空。盘中时段的走势只是早盘走势的延续，体现的是盘中分时的承接意义。

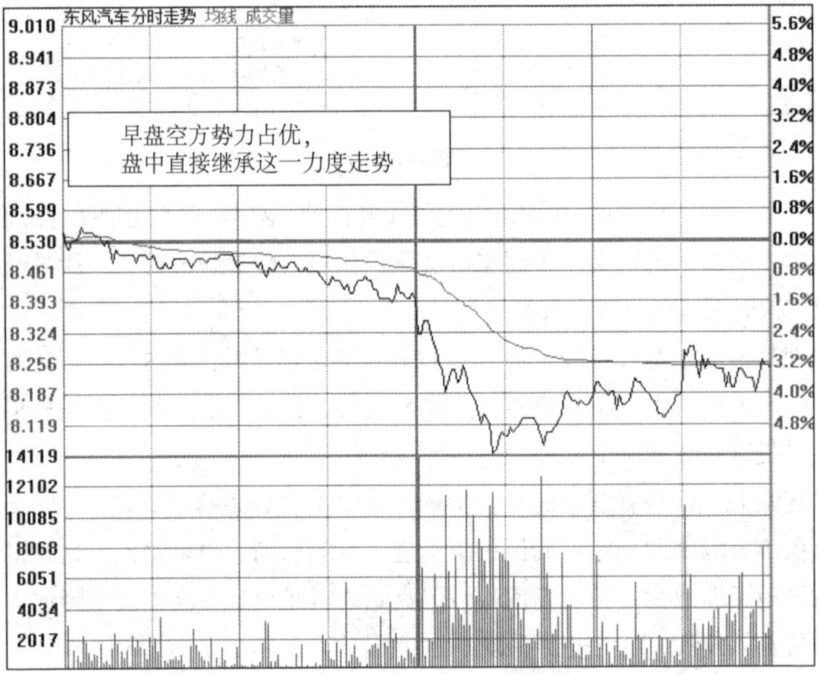


图 4-3-1

图 4–3–1 是东风汽车（600006）2016 年 7 月 22 日的分时走势图。从分时走势中可以看到，股价早盘出现平开，其后维持弱势震荡的走势，并且股价一直处于均价线下方，这是空方势力占据优势的迹象。这一走势维持了整个早盘。

下午盘开市后，股价出现大幅下滑。午盘走势明显是早盘走势的延续，并且经过时间的积累，下跌出现加速的情况。股价在午盘大幅回落后，尾盘虽有收回动作，但力度较弱，难以改变整体的运行趋势。

下面来看第二天的走势。

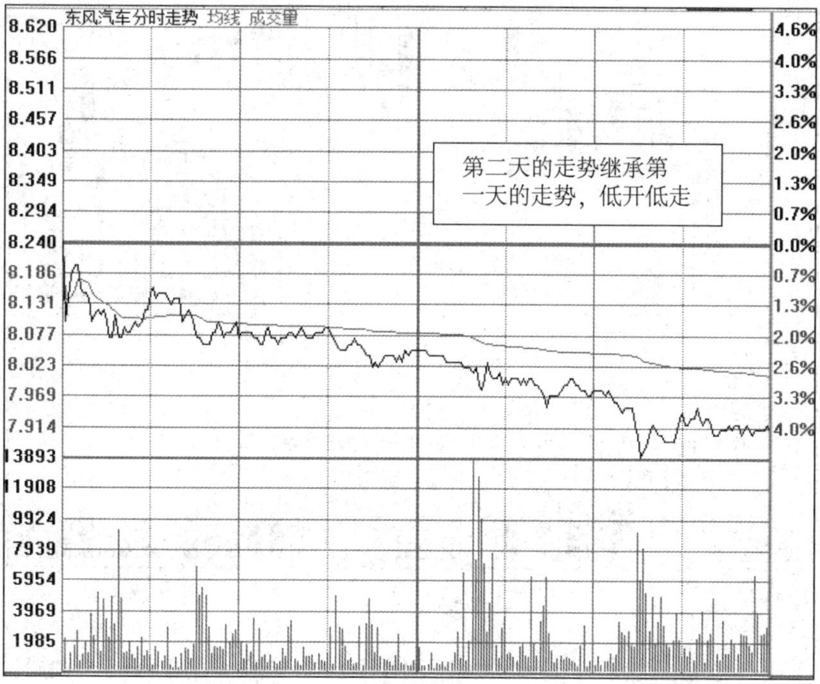


图 4–3–2

图 4–3–2 是东风汽车（600006）2016 年 7 月 25 日的分时走势图。该股分时走势在这一日继续延续上一交易日的走势，股价早盘低开后出现一个小的反弹走势，但很快跌回均价线之下，重回下跌走势中。这一走势继续延续到中盘，再续到尾盘，个股全天出现深度下跌，跌幅达 4 个百分点。

趋势确立之后，都会保持一定的延续性，只是时间或长或短的问题。中盘延续早盘走势是这样，第二天延续第一天的走势也是这样。只有这样，交易者才能发现个股的交易机会，从个股的持续性行情中交易获利。同样，下跌趋势也有一定的持续性，这也正好证明了止损的必要性。

下面来看日线图。

图 4-3-3

图 4-3-3 是东风汽车（600006）2016 年 6 月—2016 年 7 月的 K 线走势图。该股前期有一个不错的上升走势，股价在这一波上升中涨幅达到 50% 以上。股价大幅上升带来不小的获利抛盘，导致个股在高位出现震荡走势，个股的筹码也在震荡中逐渐换手。股价的震荡、迟滞又进一步带来抛盘的释放，而市场中的买进力量没有放大，股价最终进入下行趋势。

个股在下行趋势中出现大阴线，这是卖盘力量宣泄的体现。当市场中有大量筹码抛出时，持股心态不稳的股民也会加入到抛售大军，导致股价一跌再跌，在形态上就出现了一根连着一根的大阴线，下一根大阴线正是上一根阴线的延续。

操作上，若盘中股价出现上涨，要观察上涨的力度。若一路向上，表明主力做多意愿较强，可选择在以后的高点卖出，并在探低时再行买入。若只是略有上涨或是走成平盘，表明次日仍会延续振荡走势，可在次日择机操作 T+0。

当行情比较平稳时，往往中盘会维持上午收盘时的走势，但是在大起大落的非常时期，午盘经常会发生行情突变，交易者一定要根据具体情况随机应变。

当然午盘走势也会有一些不同于早盘的地方。由于中午休市，因此午后开盘就有了更多的变数。午盘之后还有一个尾盘阶段，一般来说，尾盘的异动需要中盘的配合。交易者在盘中做 T+0 交易时，需要注意到这些不同。

下面来看案例。

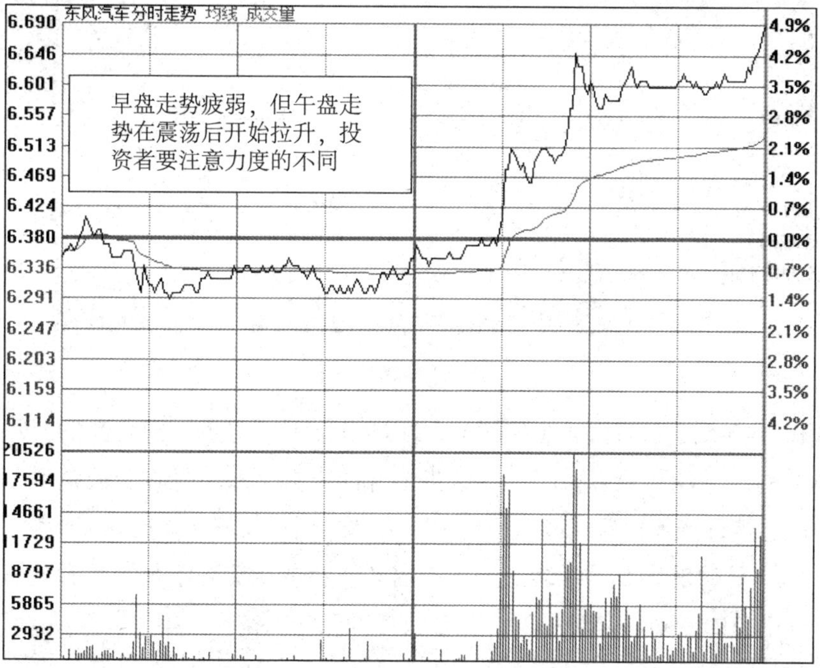


图 4-3-4

图 4-3-4 是东风汽车（600006）2016 年 6 月 7 日的分时走势图。从分时图中可以看到，股价早盘平开，其后维持弱震荡的走势，并且股价一直处于均价线的下方。在早盘运行中，明显出现空方势力占据优势的现象。

早盘的走势一直持续了整个上午盘，但分时走势在下午开盘后出现了变化，股价不再维持弱势震荡，而是做出方向选择，开始稳步上行，这一走势又延续到尾盘。

下面来看第二日的走势。

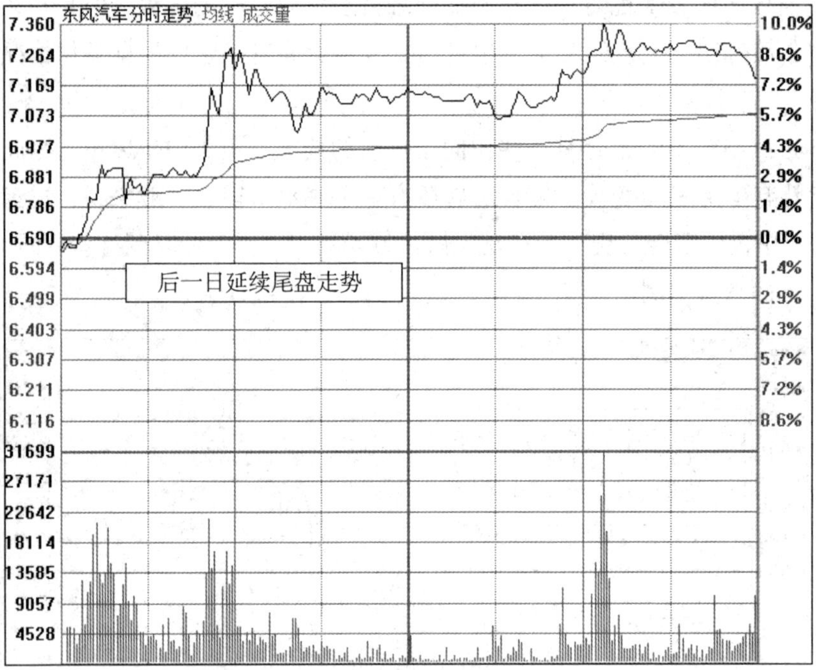


图 4-3-5

图 4-3-5 是东风汽车（600006）2016 年 6 月 8 日的分时走势图。从图中可以看到，早盘平开后，即走出稳步上升的走势。股价经过三波拉升，其上涨幅度已接近涨停位置。其后股价虽有回调，但不妨碍全天的强势走势。

这一日的走势就是延续前一日中盘和尾盘的走势，若是交易者能够发现前一日中盘的变动并及时买进，将会获得可观的收益。

下面来看日线图。

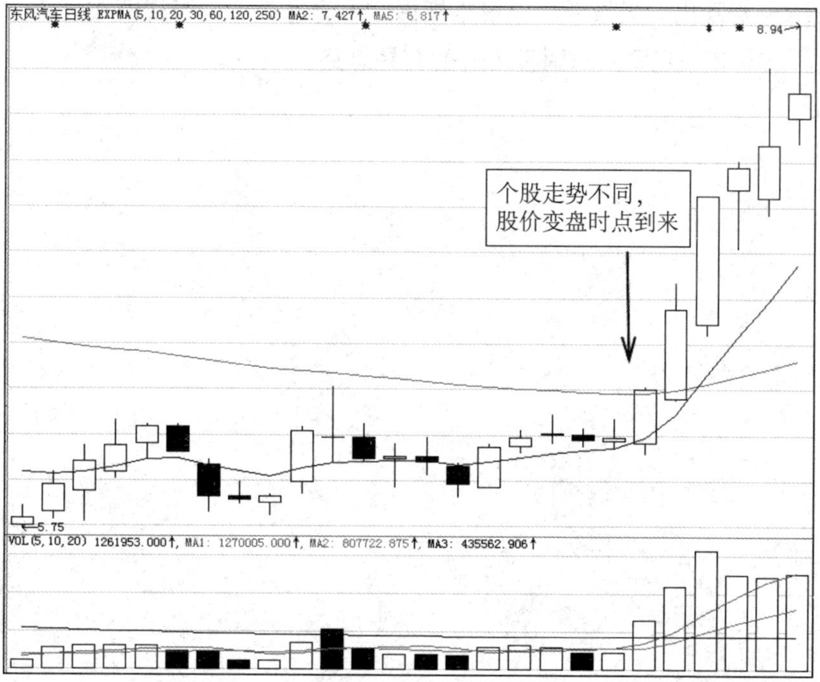


图 4-3-6

图 4-3-6 是东风汽车（600006）2016 年 5 月—2016 年 6 月的 K 线走势图。个股前期出现长时间的震荡走势，在上下震荡中获得上升的动力。积蓄了足够的上升动力后，股价开始抬升，收出中阳线，并站稳均线。

个股站稳均线是上升趋势确立的信号，此后股价摆脱震荡开始进入拉升走势。这一信号的转折点就出现在当日的分时盘中，交易者若能及时发现，在第一时间上车，就能获取股价拉升的利润。

中盘是容易变盘的关键时段，一旦股价出现下跌，那么尾盘极有可能会出现跳水走势。若是中盘摆脱早盘的疲软走势，开始走出独立行情，则预示着行情将发生转折。对交易者来说，认识到行情的持续性很重要，识别中盘的变盘关键点也非常重要。

从实战的角度出发，T+0 交易最好是卖在最高点，买在最低点。但是由于行情千变万化，交易者盘中很难把握。不管怎么说，当行情在盘中出现突变时，交易者一定要及时调整 T+0 的交易思路。

# 第五章
# T+0 量能交易策略

## 第一节　缩量交易策略

在 T+0 交易过程中，成交量的变化也起着十分重要的作用，其中缩量对股价更是具有很大的影响。缩量形态分为多种，如高位缩量、低位缩量。不同位置中出现的缩量，直接关系到股价当天接下来的走势，面对不同的成交量情况，交易者应当制定不同的交易策略。

### 一、高位缩量

上涨行情末端，如果出现缩量，意味着当前市场做多意愿不强，大家普遍认可当前的价格，若是继续上涨，价格就会偏高了，因此做多意愿不强，导致买盘稀少。缩量一段时间后，如果量能依然无法放大，自然就会出现下滑。

下面来看案例。

图 5-1-1 是丽鹏股份（002374）2016 年 4 月 7 日的分时走势图。该股当天出现低开的走势，股价在一段震荡行情后开始上升。股价上升到高点后形成一个双头形态，随后走势逆转，股价开始回落。

对比分时走势与量能的变化，能清楚地发现其中存在的联动关系。个股走势在开始的震荡中量能较弱，其后走势变强，对应的量能也是不断放大。但当股价走出高点开始回落后，个股的量能出现明显减少，量升价升、量跌价跌的关系明显。

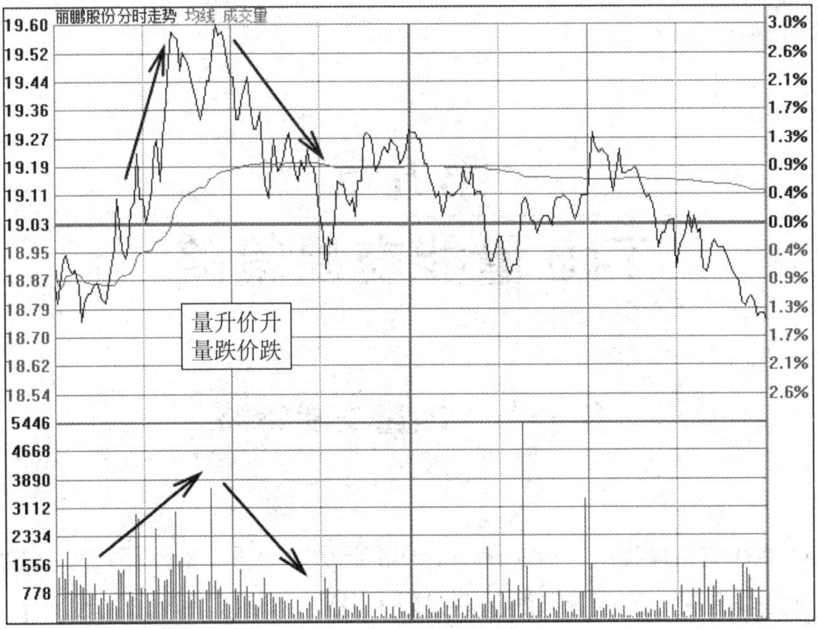


图 5-1-1

个股上涨是由量来推动的，当市场中买盘积极时，股价自然一路向上。当市场中买盘不济时，支撑股价上行的理由不复存在，股价回落也在所难免。这就是大家常说的“量在价先”。

实战中，交易者操作 T+0 时，也可以根据这一特点，在股价走高后量能萎缩时卖出个股。

图 5-1-2 是丽鹏股份（002374）2016 年 1 月—2016 年 4 月的 K 线走势图。该股的日线运行也符合量增价涨、量跌价落的量价同步关系。吸筹阶段量能明显放大，洗盘阶段量能又明显减少，其后拉升行情中量能更是急剧放大。当股价在高位走出最大量时，股价开始回落，买盘不积极，量能也显得较小。

吸筹阶段是资金介入的阶段，量能自然放大。洗盘阶段是清洗筹码的阶段，大资金不会让筹码在低位流出，量能理应缩小。经过洗盘后，股价拉升行情开始，各路资金疯狂买进，股价快速拉升。等股价运行到高点后，出货就成了一个关键的问题。由于此时买盘相对不大，只能通过横盘和长时间的

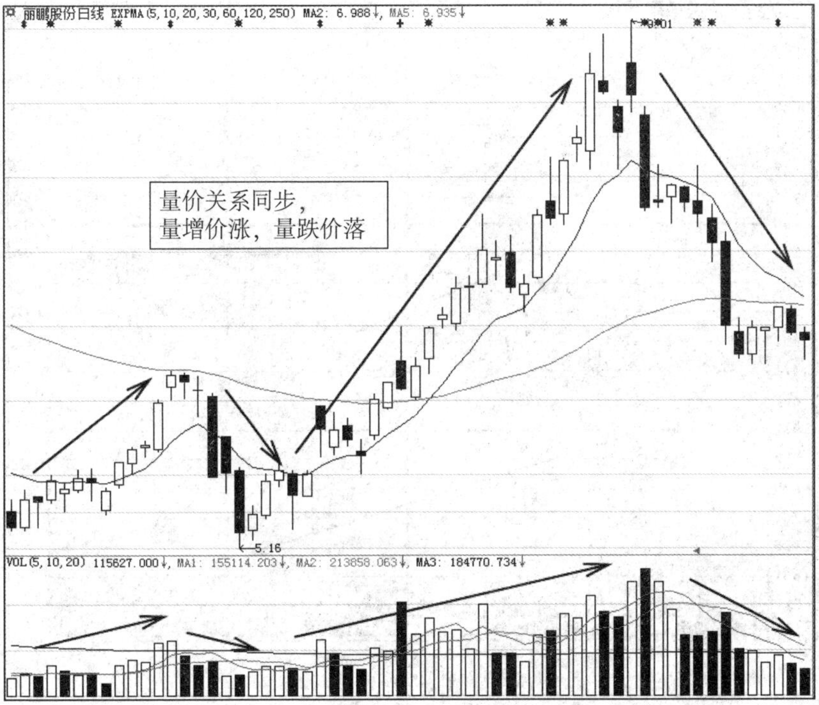


图 5-1-2

回调实现出货，表现出的量能也相对不大。以上是量价同步关系产生的原因，交易者可以据以分析。

## 二、低位缩量

在探底行情中，若是出现了缩量，则说明股价经过前期的大跌，已经出现不小的回调，交易者大多看多股价，珍惜自己手中的筹码，惜售心理明显，造成成交量相对较少，量能不断萎缩。以后不管是大资金需要出货的空间，还是想要获得散户的筹码，主力都必须拉升股价，做多个股，T+0 交易的买点机会在此出现。

下面来看案例。

图 5-1-3 是东风汽车（600006）2016 年 9 月 27 日的分时走势图。该股开盘后一直处于盘跌走势，当股价处于相对高位时，卖盘量能相对较大，但

图 5-1-3

当股价跌到一定程度后，量能不断缩量，表明股价继续下行的动力逐渐弱化。这是因为随着股价的回落，持股者认可个股的价值，从而出现惜售心理。市场中不再出现卖盘时，个股的下行动力就不复存在。

当股价处于相对合理的价位时，买盘又会逐渐增多，股价因此走出向上的走势。交易者可在量能缩量、股价止跌时买入股票，完成盘中的 T+0 交易。

下面来看日线图。

图 5-1-4 是东风汽车（600006）2016 年 7 月—2016 年 8 月的 K 线走势图。个股前期走出急速下跌的走势，当时卖盘蜂拥而出，股价出现大幅下滑。随着股价的大幅下滑，做空力量得到释放，随后市场卖出意愿逐渐减弱。

卖出意愿减弱，成交量明显减少，这样大资金不能通过打压股价获取筹码，只能通过拉升获取筹码，个股开始走出小反弹走势。对 T+0 交易者来说，量能与股价同向变动，随时都会提供参与的机会。

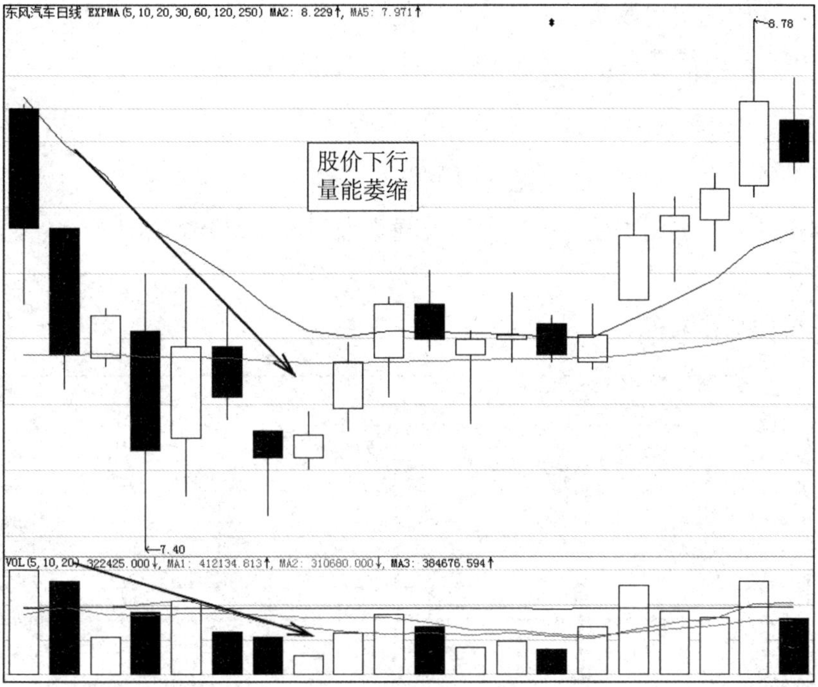


图 5-1-4

缩量是一种明显的趋势提示，交易者不仅可以根据分时图上的成交量情况进行 T+0 操作，还可以根据日线图上成交量的变化情况判断个股未来的走势。

缩量越严重，表明市场持股待涨的心理越浓重，也就意味着后市出现反向行情的机会越大，更有助于盘中运用 T+0 技术赚取价差。在交易时，要注意结合当天的总成交量与 K 线成交量情况综合分析。

## 第二节　放量交易策略

与缩量相同，放量也是一种变盘信号，放量同样可以分为两种情况，即上涨过程中的突然放量和下跌过程中的突然放量。不同趋势中的放量形态，代表了不同的行情发展，大家应以不同的交易策略来对待。

## 一、上涨行情中放量

上涨行情中放量，是指在当天的运行中，股价一直是处于上涨之中，但是成交量突然出现了放大。这种情况通常说明该股票开始加速上涨，此时应当及时买入。

下面来看案例。

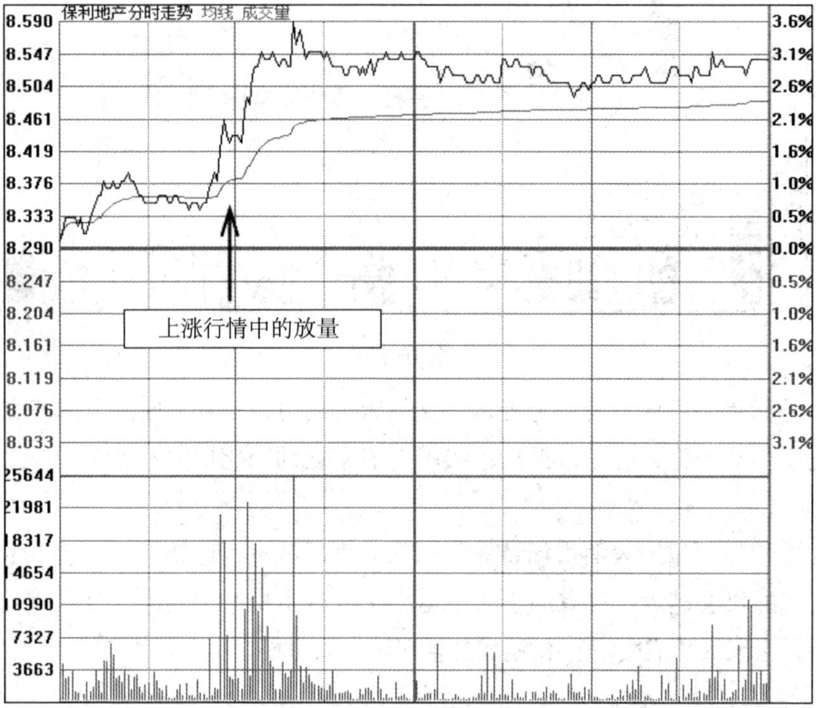


图 5-2-1

图 5-2-1 是保利地产（600048）2016 年 6 月 20 日的分时走势图。该股开盘后即出现一波上涨行情，对应的下方量能也逐渐放大。上涨行情之后出现一段时间的震荡回调，相对应地量能明显减少。经过回调之后，股价再次走出上升走势，对应的下方量能出现急剧放大，资金买进的迹象明显。

在这一走势中，T+0 的买进操作可以选择在股价放量拉升阶段，这一阶段是个股行情的启动期，其后行情会表现出一定的持续性，存在 T+0 交易的空间。

下面来看日线图。

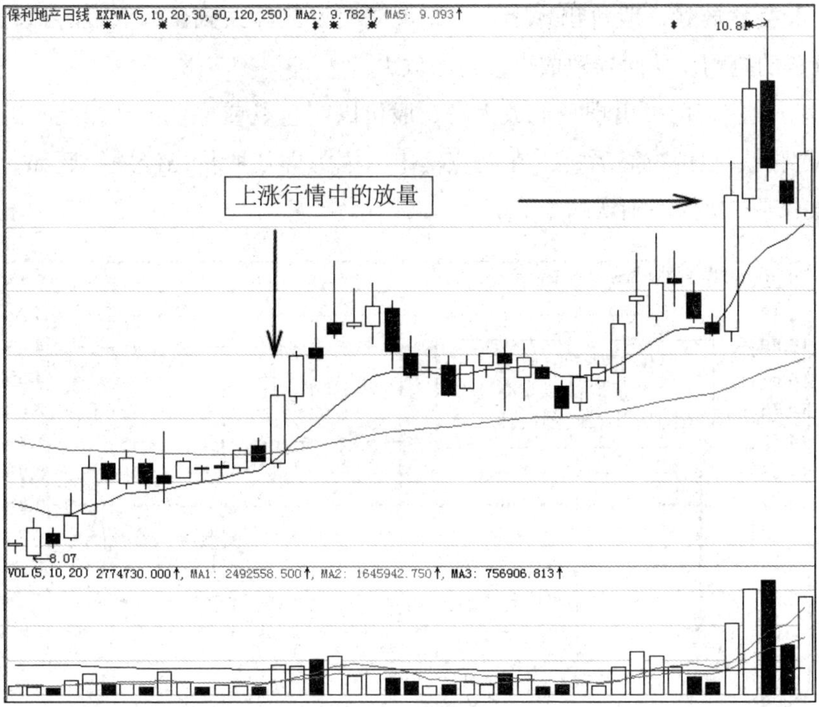


图 5-2-2

图 5-2-2 是保利地产（600048）2016 年 6 月—2016 年 8 月的 K 线走势图。该股前期走出缓慢上升的走势，这是大资金不断买进，推动股价上行的结果，所以个股在量能上也表现出放大的迹象。股价上升后，会出现一定的获利盘，这时就需要股价回落以完成洗盘，随后个股走出震荡行情。

在震荡行情中完成筹码清洗后，将开始新的上升趋势，这时大资金再次亮相，放量拉升股价，于是量能与股价齐涨。

二、下跌行情中放量

如果股票处于下跌行情中，突然放量往往说明上方卖压加重，资金无力承接巨大的卖盘，因此会发生跳水行情。这种行情通常出现在下跌趋势中。此时若是在盘中做 T+0 交易，风险是比较大的，应当以卖出为主。但是，如果个股突然放量，股价出现上涨，则说明股价已经跌到位，低廉的筹码吸引了资金的抢购，从而导致成交量再次放大。

当股价在低位出现量能放大时，股价同步止跌或出现上涨，此时可果断买入股票。股价拉高后，需在高点卖出，因为即使股价已经跌至底部，往往仍会出现二次探底确认的走势。

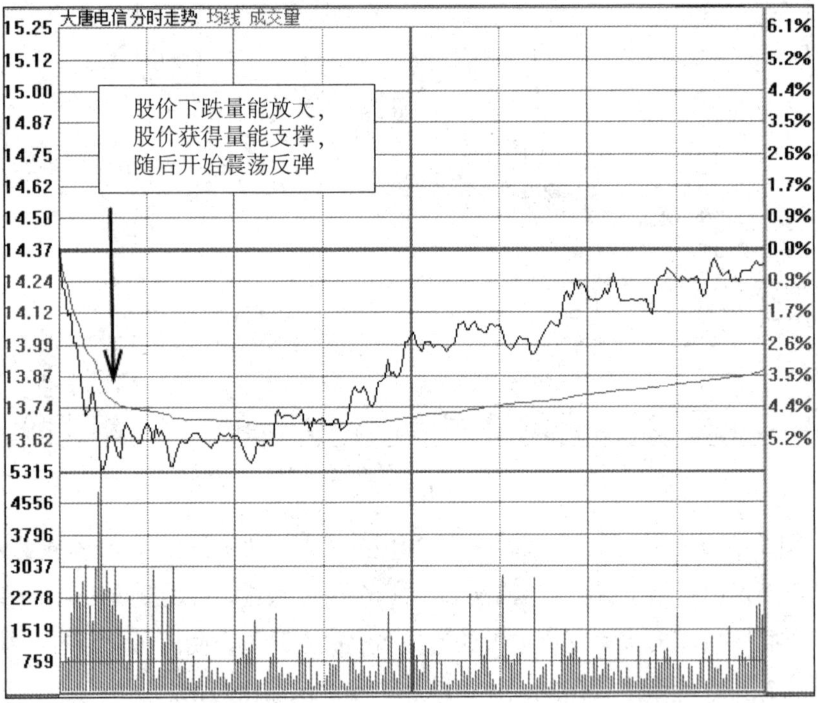


图 5-2-3

图 5-2-3 是大唐电信（600198）2016 年 3 月 8 日的分时走势图。股价在早盘阶段出现一波快速下跌的走势，在 15 分钟的时间内下跌近 6 个百分点。

成交量在下跌走势中出现放大的迹象，这是筹码密集换手的特征。股价在低位出现成交放大的现象，说明在低位有承接资金，个股的上升力量开始显现。

大资金在下跌走势中不断获取筹码，其后跌势放缓，进入震荡走势。股价跌势放缓，又减少了抛盘力量，表明个股的上升压力减少。大资金若想获取更多筹码，只能抬高股价，个股的做多力量随之壮大。

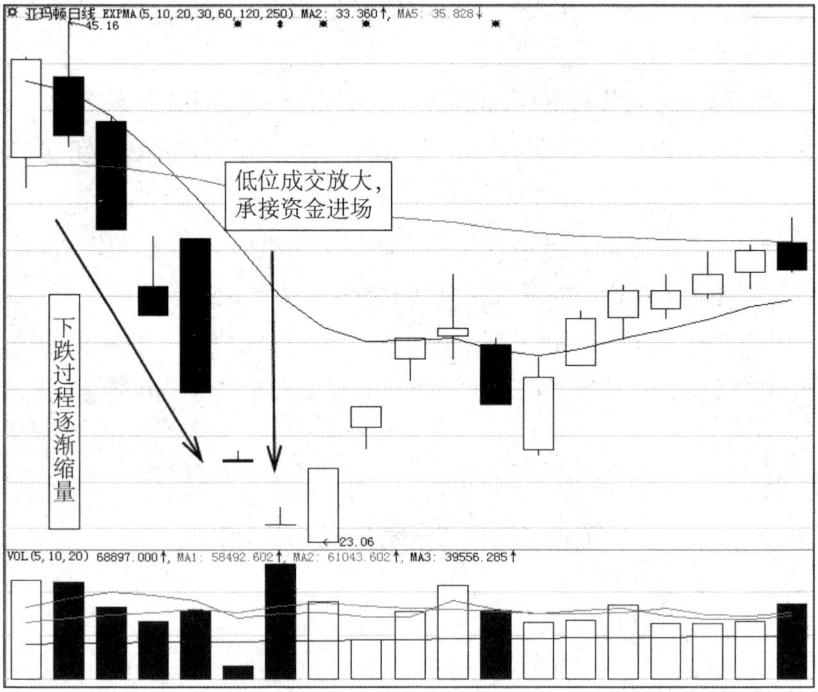


图 5-2-4

图 5-2-4 是亚玛顿（002623）2015 年 6 月—2015 年 7 月的 K 线走势图。该股在区间内走出探底回升的走势，之前走出一个下跌走势。在下跌走势中，前期出现成交量不断增加的情况，表明在下跌行情的开始阶段，有大量短线筹码离场，导致成交量放大。随着股价的回落，卖出筹码逐渐减少，成交量也逐渐萎缩。随着股价不断地下跌，低位接盘资金出现，在低位放出较大的量能。

大量资金入场的个股，股价能够得到支撑，并开始出现回升走势。但因为此时股价仍处于低位，卖出的筹码不是太多，所以大资金不需要太多的资金就可以抬高股价，在量能上也不会出现明显的放大。

操作上，交易者可在放量下跌后走稳时买入，在尾盘拉高后卖出，完成 T+0 操作。若股价在随后的数个交易日中以震荡走势为主，交易者可以多次进行 T+0 操作。日线的 T+0 交易同样如此，在量能放大后股价企稳时介入个股，择机操作 T+0。

下跌行情中突然放量下行，如果发生在尾盘，往往说明下跌趋势尚未终止。盘中进行 T+0 操作时，应当回避这类走势的个股，最好在个股趋势走稳后再买入。

对于日 K 线，要求股价处于低位。若是股价处于高位或者相对高位，这种走势很可能是下跌行情的开始，交易者操作时需要注意风险。

如果此时个股处于横盘震荡之中，当天出现放量下跌，往往是主力震仓时故意打压股价，交易者可在跳水行情转向时买入并进行 T+0 交易。

## 第三节　常量交易策略

常量是指成交量在全天中呈现出一种均衡的状态，没有明显的放量，也没有明显的缩量。这种情况通常出现在窄幅横盘震荡时，表明主力在缓慢地获取筹码，并利用手中的筹码维持市场的平衡。这时，不仅每个交易日的量能变化不大，即使在横盘期间，成交量也基本上呈均衡状态。

对于交易者来说，出现常量其实和大盘或个股处于消息真空期时的量能表现差不多。由于此时多空力量相对平衡，更容易在盘中做 T+0 交易。

需要提醒的是，成交量出现平衡量时，价差往往会比较小，此时在盘中做 T+0 有一定难度，对交易者的技术要求比较高，但也能提升交易者的技术水准。

下面来看案例。

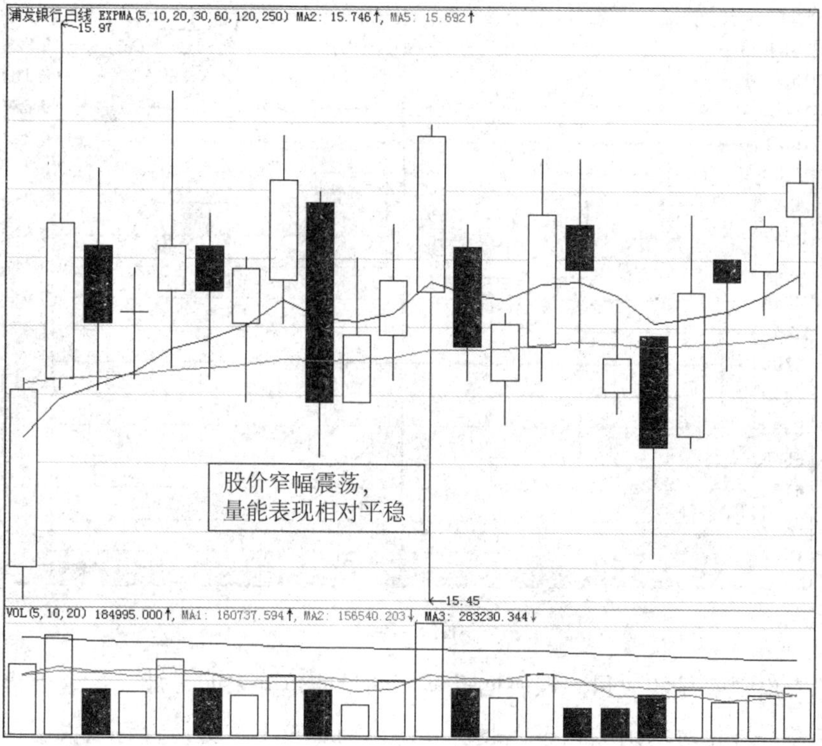


图 5-3-1

图 5-3-1 是浦发银行（600000）2016 年 7 月—2016 年 8 月的 K 线走势图。在这一区间，股价一直处于横盘状态，盘中震荡极小，全天成交量相对较小，并且呈现均衡状态。在这种情况下，个股走势较少出现意外情况。这个阶段虽然操作 T+0 的获利空间较小，但操作风险也较小，交易者可以注意把握其中的操作机会。

下面来看分时图。

图 5-3-2 是浦发银行（600000）2016 年 7 月 18 日的分时走势图。股价在开盘阶段出现一波快速上升走势，探到高点后开始回落。个股在下跌走势

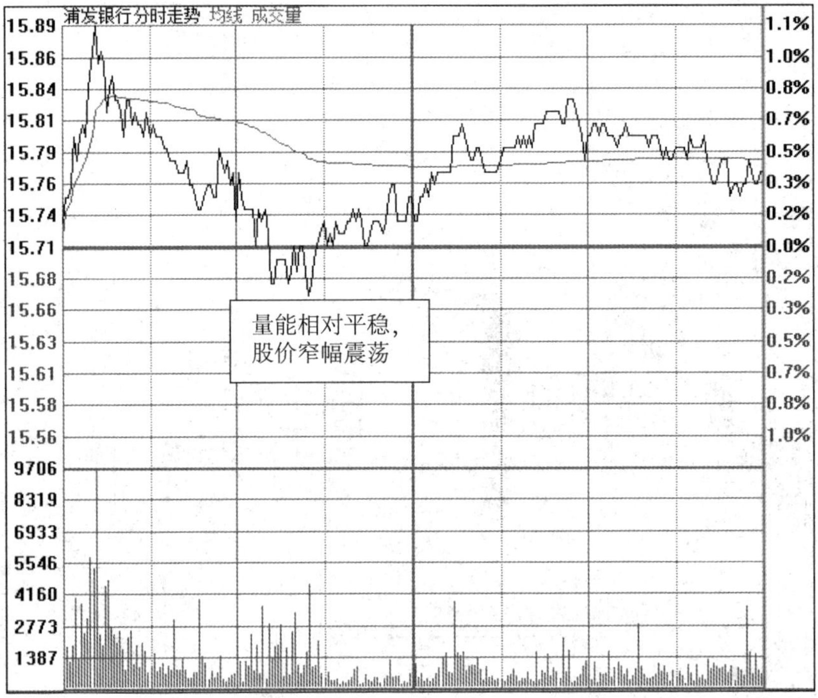


图 5-3-2

中并未出现明显的放量。探底回升期间的量能也并未明显放大，全天量能都维持在一种相对均衡的状态，股价波动也相对较小。交易者可以根据行情适当操作。

在震荡市中，若量能未出现明显波动，对应的波动差价也极小，交易者应当坚守“无波动不交易”的原则，放弃 T+0 交易。若是交易，买进之后不能在当日卖出，也可持有数日，待股价真正出现调整时再行卖出。若这种量能表现出现在个股上涨的途中，则表示市场不愿接受调整，之后会继续上涨，此时交易者可积极做多。

# 第六章 T+0 分时操作策略

## 第一节　高开低走 T+0

分时图中，股价在开盘阶段出现高开低走走势，这种走势适合交易者做先卖后买的 T+0 操作。在分时图中，交易者在高位时卖出，在接下来的价格走低过程中买入股票回补仓位，可以获得一段差价利润。

下面来看个股的分时走势图。

图 6-1-1 是融捷股份（002192）2015 年 10 月 20 日的分时走势图。该股在当日的分时图中走出高开低走的走势，并出现持续震荡。因为股价难以继续向上，买盘涌出，股价在短时间出现大幅回落。股价出现回调后，维持低位震荡走势，虽在尾盘出现反弹，但量能不配合，股价继续回落。

个股走出高开低走的走势，当天个股波动不小，交易者可以把握住 T+0 交易机会获取收益。可利用 T+0 交易在早盘卖出，并在股价回落后在尾盘买进，获取其中的波动差异。

下面来看个股的日线图。

图 6-1-2 是融捷股份（002192）2015 年 8 月—2015 年 11 月的 K 线走势图。该股前期走出一个明显的上涨走势，股价冲破低位调整区，沿均线走出稳步上升的走势，T+0 交易的中线条件良好。

因为个股已摆脱低位调整区，股价不可能出现大幅回落洗盘。但股价在

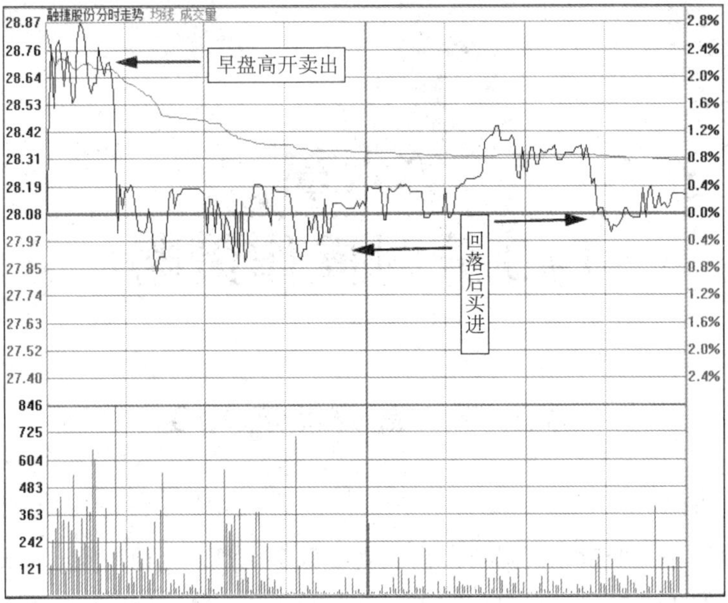


图 6-1-1

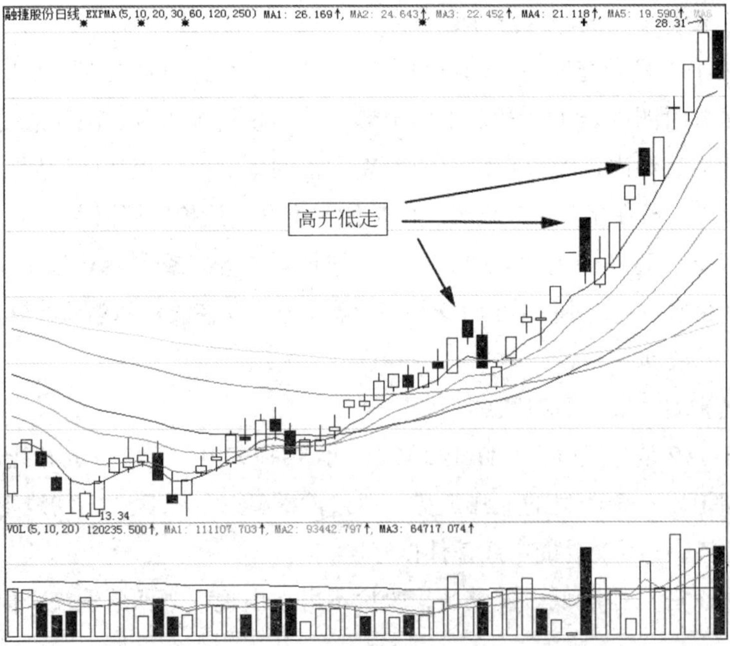


图 6-1-2

上行的过程中仍需要不时地清洗浮筹，所以在上行过程中就走出了高开低走的高开震荡走势，通过放大当天K线的阴线实体来达到吓阻投资者和清洗浮筹的目的。

在这样的走势下，T+0交易者可以反其道而行，利用高卖低买做T+0获取收益。在上涨过程中，有多次T+0交易机会可让交易者获利。

下面再看一个案例。

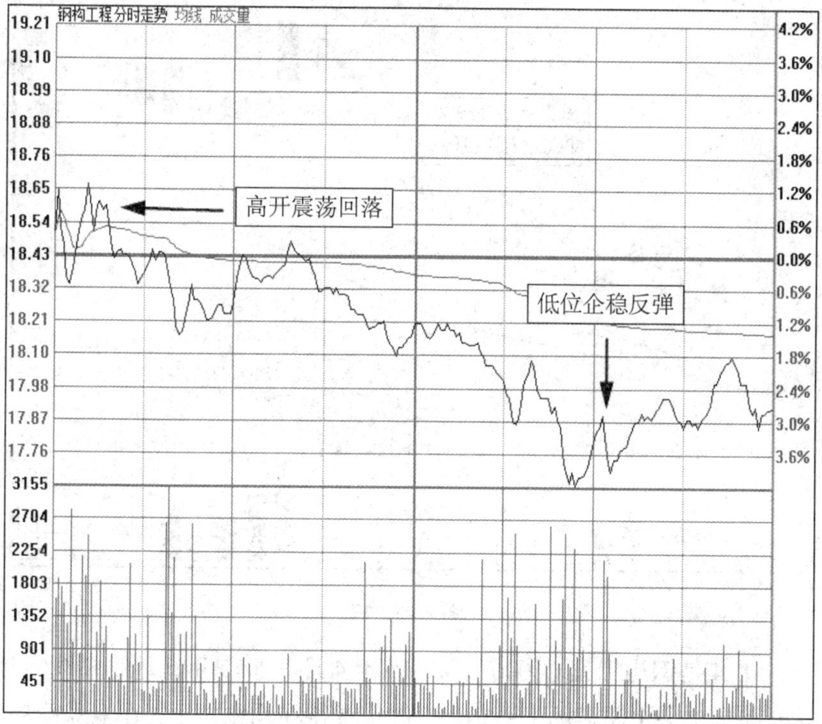


图 6–1–3

图6–1–3是钢构工程（600072）2015年4月30日的分时走势图，个股在当日的分时图中走出高开低走的走势。早盘高开后，即出现震荡回落走势。期间股价虽有反弹，但难以站稳均价线，股价走出单边下跌的走势。股价在尾盘出现回升，但升幅不大，总体表现低迷。

个股走出高开低走的走势，全天波动在5个百分点以上，充足的波动空间给交易者做 T+0 提供了获利的机会。交易者可在早盘卖出，并在股价回落后的尾盘买进，获取其中的波动收益。

下面来看个股日线走势图。

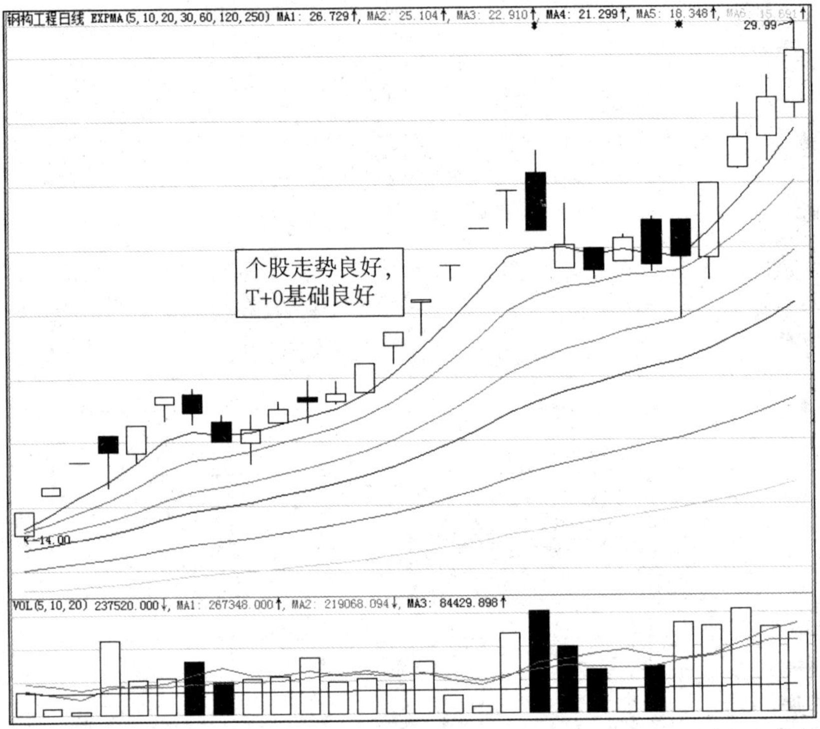


**图 6–1–4**

图 6–1–4 是钢构工程（600072）2015 年 4 月—2015 年 5 月的 K 线走势图。该股在前期走出一个明显的上涨走势，股价维持在均线之上。在上涨趋势中，即使股价出现调整，也能在短时间内回收均线，均线对股价的支撑明显，T+0 交易的中线条件良好。

在上升过程中，该股同样是通过单日的巨幅调整达到洗盘目的的。个股高开低走，K 线形态十分恶劣，短线交易者纷纷卖出，主力实现了盘中清洗浮筹的目的。在这样的情况下，交易者可利用高卖低买做 T+0 的方式获取收益。

这里要强调，分时 T+0 交易是建立在中线看好的基础上的。失去股价继续上涨的判断，高开低走的买卖基础不复存在，请大家注意。

下面来看大龙地产的分时走势图。

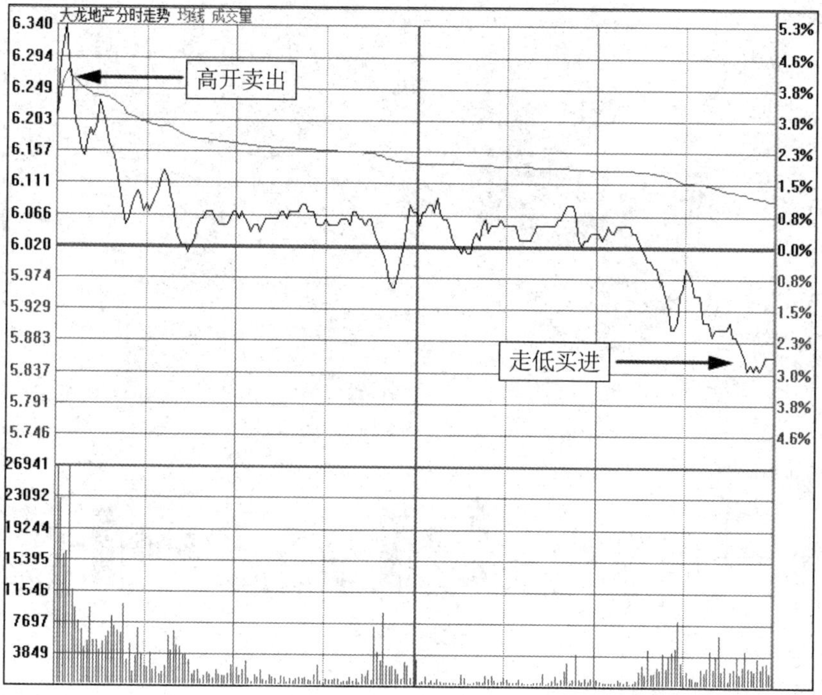


图 6–1–5

图 6–1–5 是大龙地产（600159）2015 年 3 月 31 日的分时走势图，该股在当日的分时图中走出高开低走的走势。个股在早盘高开，并出现短时间的冲高走势，随后走出单边下跌的走势。

个股走出高开低走的走势，全天波动在 8 个百分点以上，T+0 交易者在早盘卖出，并在股价回落后的尾盘买进，当日可以获得 5 个百分点以上的收益。

下面来看该股的日线图。

图 6–1–6 是大龙地产（600159）2015 年 3 月—2015 年 4 月的 K 线走势图。该股前期走出一个明显的上涨走势，股价维持在均线之上，均线对股价的支

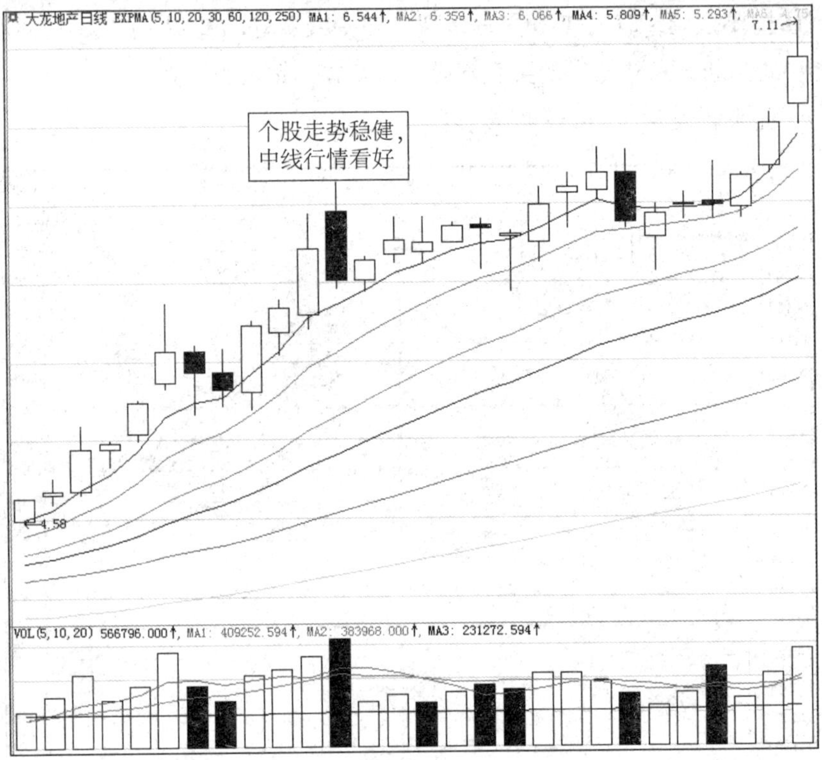


图 6-1-6

撑明显，操作 T+0 的中线条件充分。

在 2015 年 3 月 31 日的 K 线走势中，交易者可以利用高卖低买 T+0 操作方式获取收益。但从中也能看到，并不是每根 K 线都是如此走势，不少 K 线是高开大幅冲高后才出现回落的走势，并且回落的幅度也不是太大。若是在这样的情况下卖出个股，反而会有一定的利润损失。哪种情况能够进行 T+0 操作，需要交易者结合个股所处的阶段和当日的市场走势来判断。

需要提醒的是，在一个主升浪行情中，股价升势强劲，回调较少，这一点交易者要有所把握。

图 6-1-7 是大龙地产（600159）2015 年 3 月 23 日的分时走势图，该股在当日的分时图中走出高开并冲高回落的走势。个股在早盘出现高开，随后

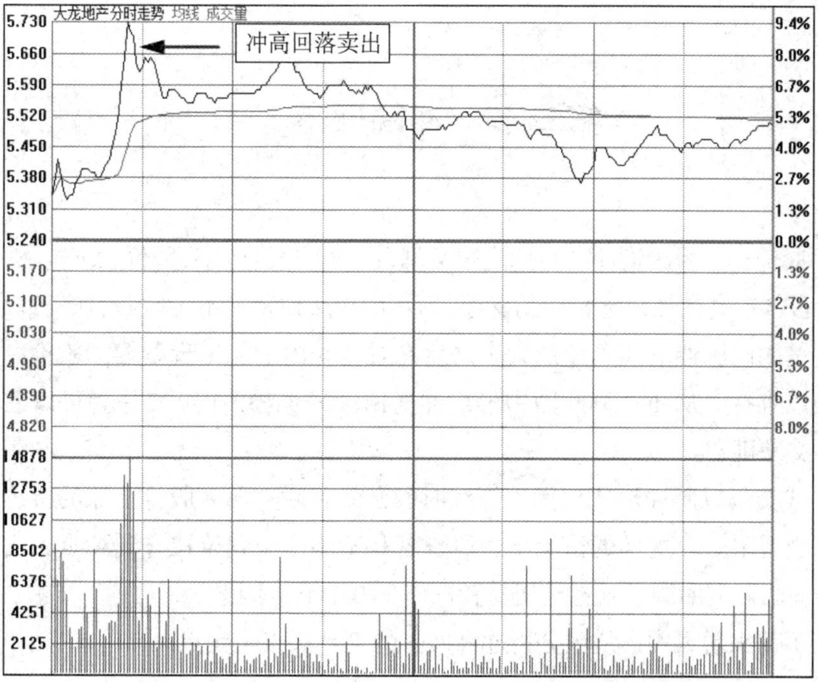


图 6-1-7

股价在均线上方盘整，确认均线的支撑有效后，个股开始新的走高，股价短时间内拉升近 6 个百分点，出现巨大升幅。随着股价的大幅上升，场内抛盘出现，股价出现回落走势，但个股全天仍维持强势行情。

在冲高回落的走势下，交易者最好的 T+0 交易机会就是在股价冲高时卖出，在股价回落后的尾盘买进。就该股而言，当日 T+0 交易也可获取 3 个百分点的收益。

冲高回落是分时图中的典型走势，下一节会重点介绍。对于行情的持续性，即高开的个股能不能持续上行，交易者可以从均线及量能方面进行判断。

## 第二节　冲高回落 T+0

股价开盘后放量冲高的情况很常见，这种价格走势中，股价表现虽然强势，但阶段性冲高往往缺乏量能的支撑，行情的持续性稍显不足。股价快速冲高时，若是量能以脉冲形式迅速放大，之后在短时间内量能出现萎缩，股价冲高后就难以维持，从而在分时图中形成冲高回落的走势，T+0 交易者可以注意其中的交易机会。

成交量以脉冲形式放大，持续时间必然有限，那么股价上涨的持续性也会相当有限。在这样的情况下，股价若是不能一步到位拉升到高点，之后必然会面临短期回调，这也是交易者操作 T+0 的支撑因素。

下面来看案例，从中分析冲高回落的 T+0 买点与卖点。

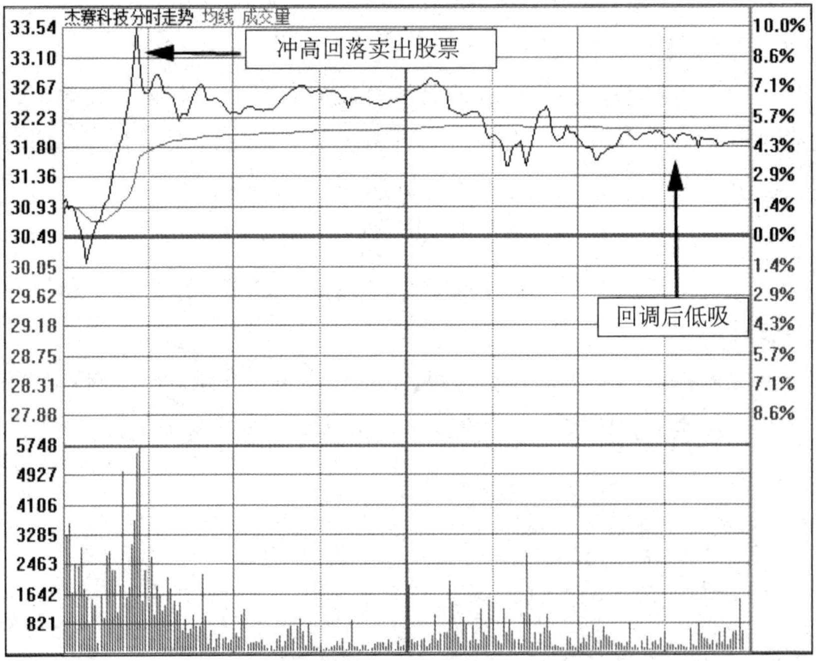


图 6-2-1

图 6-2-1 是杰赛科技（002544）2015 年 3 月 19 日的分时走势图，该股在当日的分时图中走出高开并冲高回落的走势。个股早盘出现高开，并做出一个短时间的洗盘调整，随后股价开始快速拉升，短时间内拉升到接近涨停的位置。随着股价的大幅上升，场内抛盘出现，而封盘的资金却迟迟不见放大，随后股价出现回落走势。

在个股冲高回落的走势中，最好的 T+0 交易机会就是在股价冲高时卖出，在股价回落后的尾盘买进。就该股而言，交易者当日可以获取近 5 个百分点的收益。

下面来看个股的日线走势图。

图 6-2-2 是杰赛科技（002544）2015 年 3 月—2015 年 5 月的 K 线走势图，该股在前期走出一个明显的波段上涨走势。在一轮上涨行情之后，股价走出

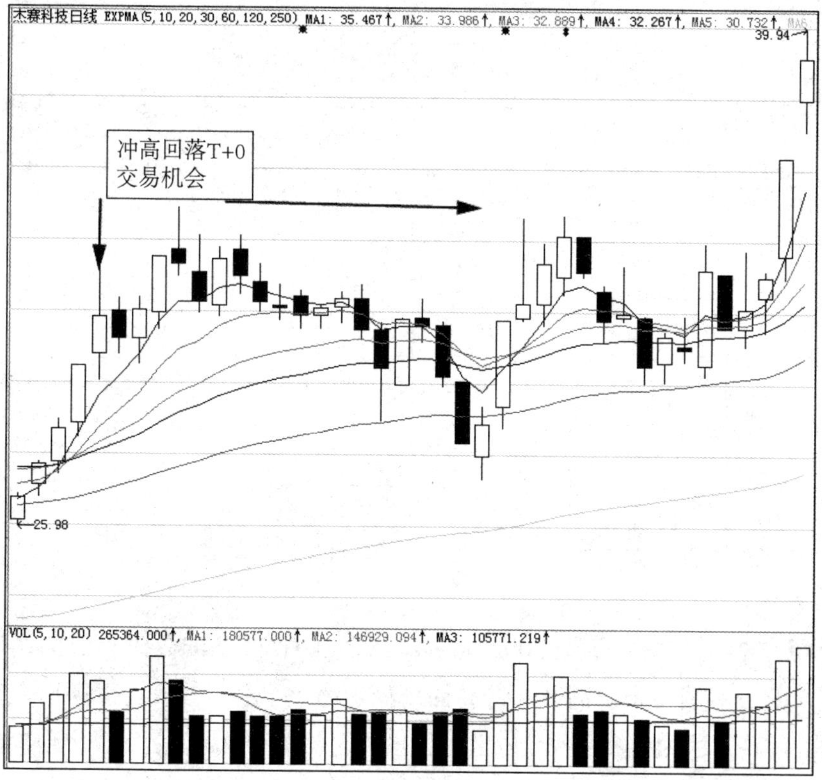


图 6–2–2

盘整的走势，在盘整中出现波动，但并未彻底跌破均线。股价获得均线的支撑之后，开始新的上升趋势，个股中线行情继续看好。

个股在这样的运行区间中走出两个冲高回落的走势，究其原因，一个是股价大幅上涨带来抛盘增加，因而导致股价回落；一个则是前期套牢盘涌出，导致股价回落。从这两个原因看，股价的回落并非无迹可寻，对个股的运行有了清楚的认识之后，就可以从中获利。这一案例中的高卖低买 T+0 交易方式，正是从中获利的有效手段。

下面再看另一日的分时图。

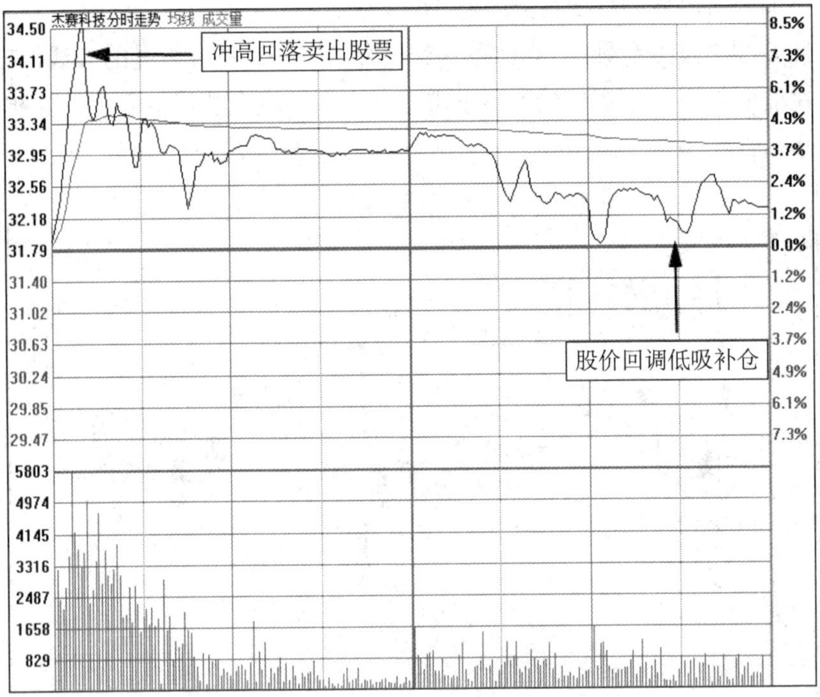


图 6-2-3

图 6-2-3 是杰赛科技（002544）2015 年 4 月 20 日的分时走势图，该股在当日的分时图中走出高开并冲高回落的走势。个股早盘开盘后即出现拉升走势，一路上涨到 8 个百分点以上的位置。随着股价冲高，套牢盘出现松动，

市场卖压大增。股价在套牢盘抛售的压力下逐步回落，在分时上走出冲高回落的走势，K 线图上留下长上影线。

在个股冲高回落的走势中，可以择机进行 T+0 交易，在股价冲高时卖出，在股价回落后的尾盘买进。当日利用股价波动赚取的日内差价，将在 5 个百分点以上，获利非常丰厚。

下面再看朗科科技的走势。

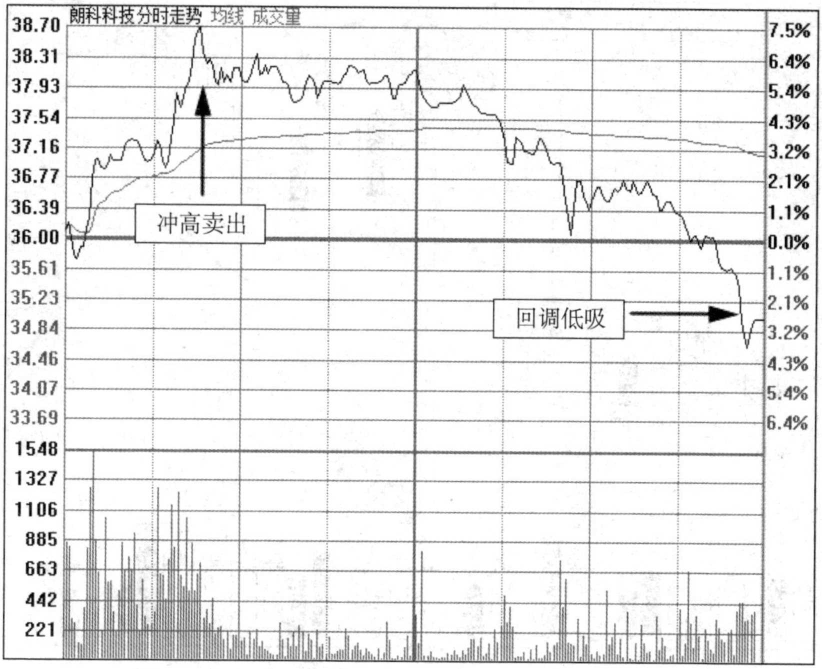


图 6–2–4

图 6–2–4 是朗科科技（300042）2015 年 11 月 18 日的分时走势图，该股在当日的分时图中走出高开并冲高回落的走势。个股早盘开盘后即出现两个波段的拉升走势，推动股价上涨 7 个百分点以上，个股升幅不小。随着股价拉高，套牢盘开始涌出，持股者纷纷卖出。股价在抛盘的压制下逐步回落，个股当天波动巨大。

在个股冲高回落的走势中，可以做 T+0 交易，在股价冲高时卖出，在股价回落后的尾盘买进，利用股价的波动赚取差价。该股当日的 T+0 交易能让交易者轻松获利 6 个百分点以上，收益颇丰。

下面来看个股的日线走势图。

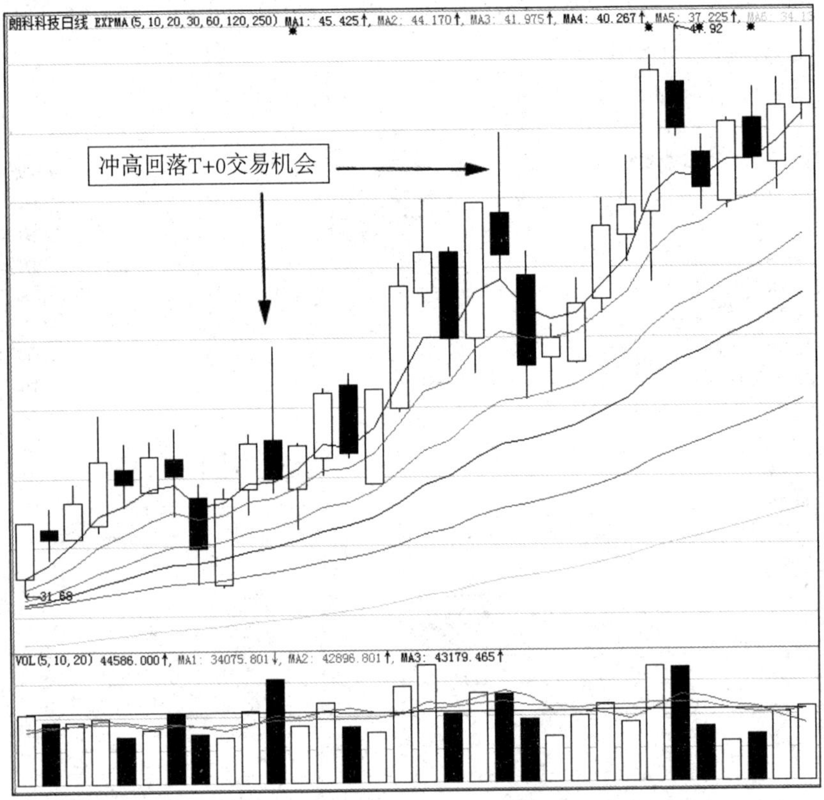


图 6–2–5

图 6–2–5 是朗科科技(300042)2015 年 11 月—2015 年 12 月的 K 线走势图。该股在前期走出一个单边上涨的走势，股价在上升过程中不断地进行洗盘的动作。这样的走势看似凶险，但持续上升的动力正是在这样不断的洗盘中获得的。

个股洗盘时的大幅震荡，也为交易者的 T+0 操作提供了条件，T+0 交易基础良好。股价在洗盘时不跌破均线，这一点也支撑个股的中线行情。

在洗盘之后才能不断上行的情况下，个股多次走出冲高回落的走势。交易者可以从中取利，采取 T+0 的交易方式获取额外的收益。

下面来看另一天的分时走势图。

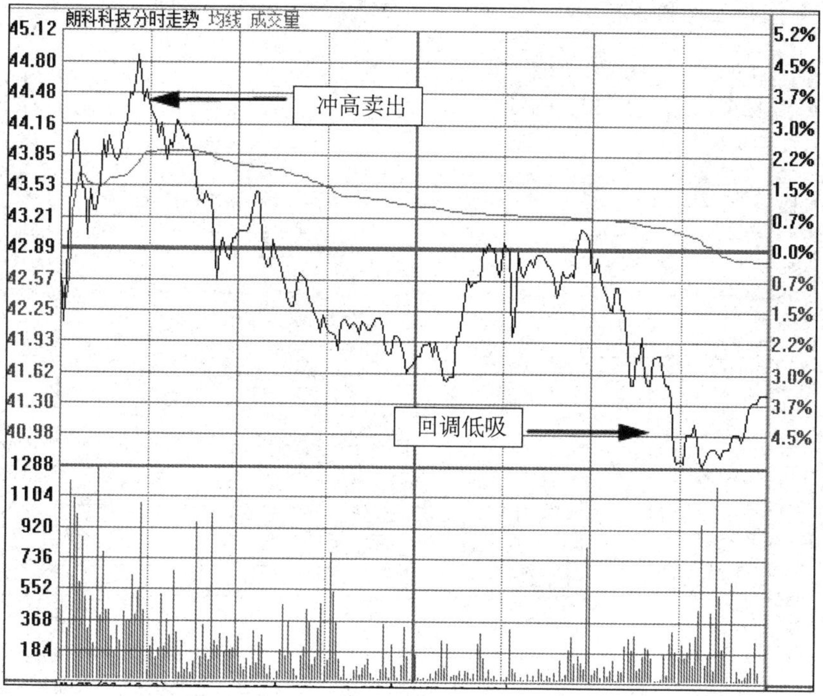


图 6-2-6

图 6-2-6 是朗科科技（300042）2015 年 12 月 1 日的分时走势图，该股在当日的分时图中走出高开并冲高回落的走势。个股早盘开盘后即出现拉升走势，在拉升中上涨了 5 个百分点以上，升幅相当可观。随着股价拉高，获利盘开始涌出，股价在抛盘的压制下逐步回落。这一分时走势的回落因素与上一案例有所不同，对这一点的判断，可以从日线的走势中分析得知。该股当天的波动同样支持 T+0 操作。

交易者可在股价冲高回落走势中进行 T+0 交易，在股价冲高时卖出，回落后买进，当日可以轻松获取 7 个百分点以上的收益。

很多看涨的个股不会冲高一次便开始回落，也存在多次冲高的情况。如果个股价格在冲高的过程中量能出现萎缩，交易者应在价格高位卖出。如果第二次冲高的时候量能相较于第一次出现萎缩，也是卖出的机会。

下面来看案例。

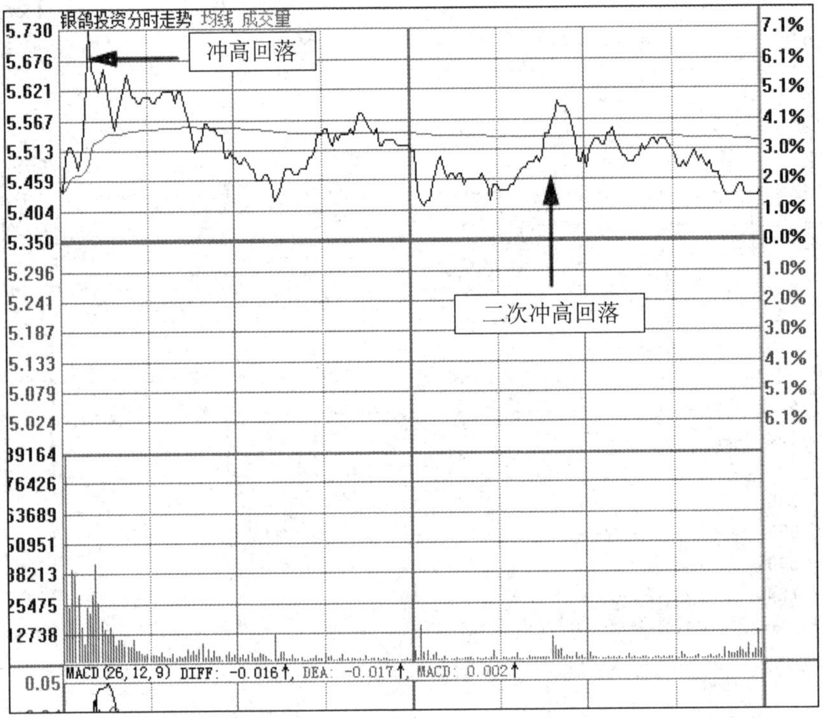


图 6-2-7

图 6-2-7 是银鸽投资（600069）2015 年 3 月 6 日的分时走势图，该股在当日的分时图中多次走出冲高回落的走势。个股早盘开盘后即出现拉升走势，在这一波拉升中上涨了 7 个百分点以上。在股价出现快速拉高的情况下，获利盘开始涌出，股价在抛盘的压制下逐步回落。股价虽受制于获利盘的压制，但在做多力量的支撑下，两次走出向上的走势，最终因量能不济，股价没能再创新高，呈现继续回落的走势。

对于分时中第二次出现的股价抬高现象，交易者也可以把握机会，采取

T+0 交易的方式获取收益。股价再次上升的过程中不能越过前高，支撑交易者 T+0 短线获利。股价在抬高的过程中量能没有释放出来，也表明市场不支撑股价继续上行，卖出意义同样明显。对交易者来说，这种走势是做 T+0 最好的机会，交易者盘中可注意把握。

下面来看日线图。

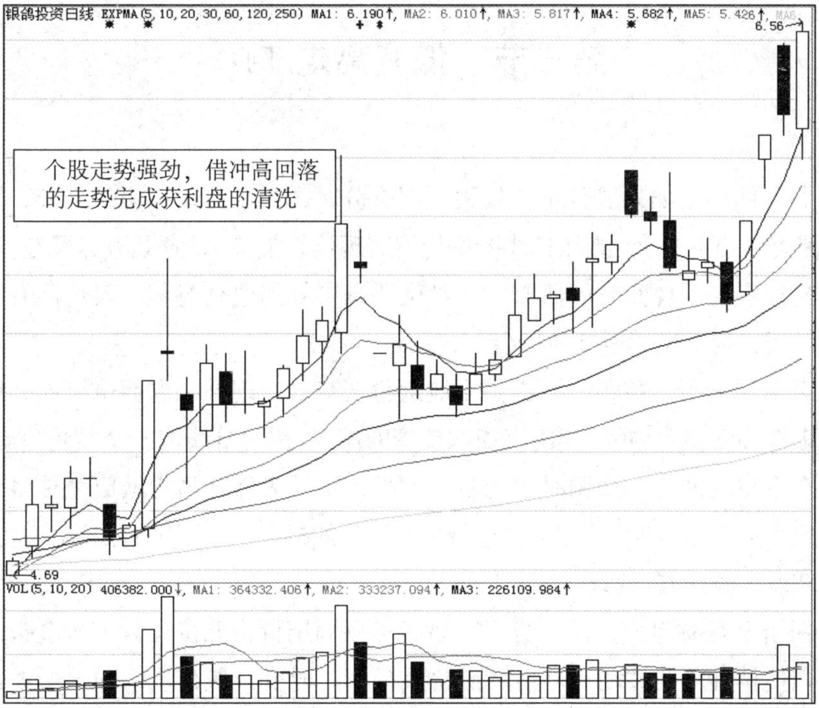


图 6-2-8

图 6-2-8 是银鸽投资（600069）2015 年 2 月—2015 年 4 月的 K 线走势图，该股在前期走出一个单边上涨的走势，从股价的走势中多次出现大阳线，就能看出个股上升动能强大。因为个股有巨大的上升动能，相对地，洗盘的迫切性就会更大，个股在走势上就出现了巨大的波段，这为 T+0 交易提供了机会。

对于图中出现的冲高回落或探底回升走势，交易者都可以通过 T+0 方式获取收益。把握住节奏的话，收益将非常可观。

高开低走和冲高回落的分时走势，对应的 T+0 交易都是先卖后买。交易者只要对个股的分时运行有一定的了解，就能在 T+0 交易中获取收益。对分时图的正确解读，是 T+0 交易的必要前提，这一点又必须建立在 K 线走势分析上。看长做短，可以使获利倍增。

## 第三节　低开高走 T+0

日线图中，如果股价走势较强，那么分时图中开盘价格出现低开，同样是做顺势 T+0 的机会。既然日线图中价格表现比较强势，即便是开盘跳空低开，股价也很容易出现回升的情况，开盘位置是 T+0 的建仓时刻。股价回升至高位的时候，则出现了做空的机会。

开盘后股价下挫，一方面是个股运行弱势的表现，一方面也可能是股价短期上涨幅度较大，短时间内有回调整理的需要。因为日线图上个股趋势向好，即便盘中出现回调，回调时间也不会太长，第二天低开高走就成为很多个股的一般走势，这样就给了交易者进行 T+0 操作的机会，一旦当日股价盘中走强，即可获取个股的波动收益。

股价开盘时出现低开走势，交易者可以利用价格低位运行的机会买入股票，以便把握价格波动，然后在股价反弹回升时卖出股票。下面通过案例展示其中的交易机会。

图 6-3-1 是东风科技（600081）2016 年 2 月 17 日的分时走势图，该股在当日的分时图中走出低开高走的走势。个股在早盘低开后即出现一段时间的震荡，随即走出拉升的走势。在这一波拉升中，股价走出近 7 个百分点的涨幅。加之早盘的低开，个股的波动幅度达到 8 个百分点以上。

对这样低开高走的个股，交易者就可以采取 T+0 交易获取日内差价收益，在早盘低开时买进，并在随后冲高无力时卖出。交易者如果在这一段行情中操作得当的话，能获取 6 个百分点以上的收益，获利相当不错。

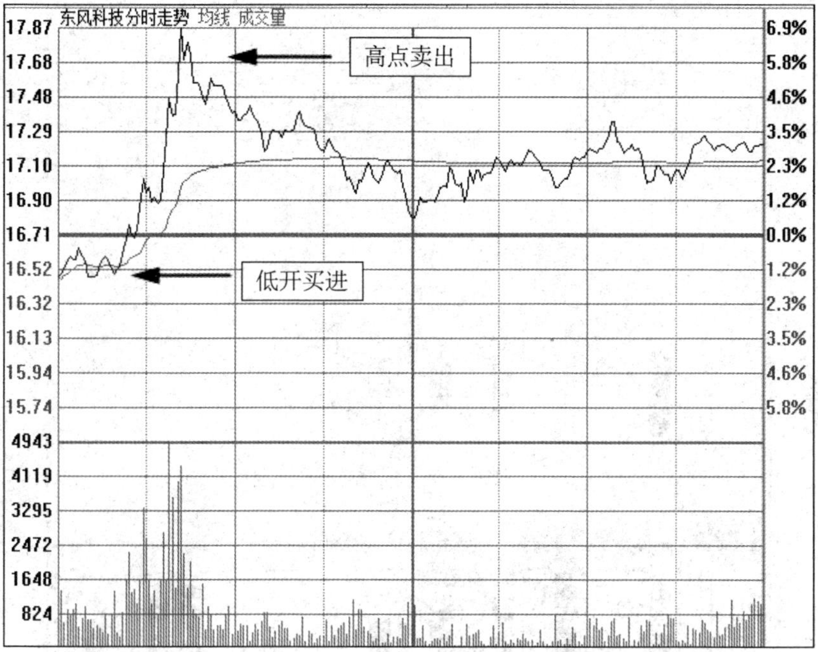


图 6-3-1

下面来看个股的日线图。

图 6-3-2 是东风科技（600081）2016 年 2 月—2015 年 3 月的 K 线走势图。该股在前期走出一个震荡走势，上升动力在慢慢地积蓄。一日个股走出一根大阳线，行情摆脱震荡走势，进入上升行情中，随后连续走出上升走势，支持交易者做 T+0 交易。

在连续的大阳线拉升中，股价出现快速上涨，抛盘也随之出现。由于个股的上升趋势已经确立，主力不会让踏空的交易者有低价补进的机会，所以采取边拉边洗的方式上行，K 线也收出低开高走的形态。出现这样的 K 线形态，正好为交易者做 T+0 打开空间，交易者可以把握其中的机会。

下面再看一个案例。

图 6-3-3 是银河磁体（300172）2016 年 4 月 8 日的分时走势图，该股在当日的分时图中走出低开高走的走势。个股在早盘低开后即出现拉升，在拉

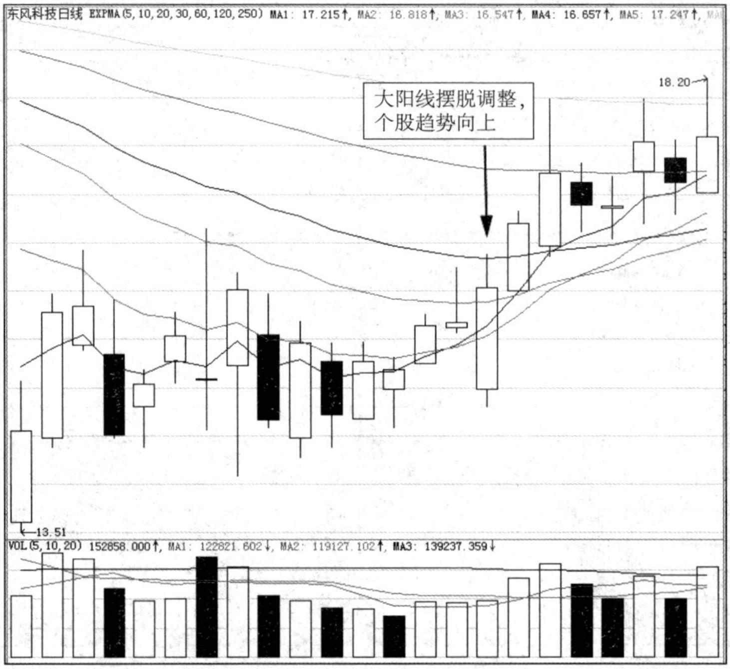
东风科技日线 EXPMA(5,10,20,30,60,120,250) MA1: 17.215↑, MA2: 16.818↑, MA3: 16.547↑, MA4: 16.657↑, MA5: 17.247↑,
18.20
大阳线摆脱调整，
个股趋势向上
13.51
VOL(5,10,20) 152858.000↑, MA1: 122821.602↓, MA2: 119127.102↑, MA3: 139237.359↓

图 6–3–2

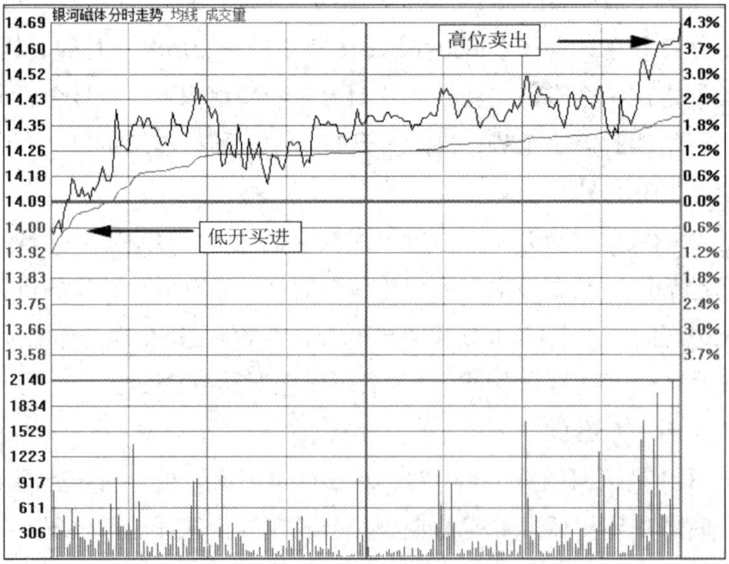
银河磁体分时走势 均线 成交量
高位卖出
低开买进
14.69
14.60
14.52
14.43
14.35
14.26
14.18
14.09
14.00
13.92
13.83
13.75
13.66
13.58
4.3%
3.7%
3.0%
2.4%
1.8%
1.2%
0.6%
0.0%
0.6%
1.2%
1.8%
2.4%
3.0%
3.7%
2140
1834
1529
1223
917
611
306

图 6–3–3

升到一定高度后出现一段震荡行情，并在尾盘再次出现拉升走势。个股在当天的波动中有 5 个百分点的波幅，T+0 交易者如能把握机会，可以获取不错的收益。

低开高走的个股，T+0 交易时可以在早盘低开时买进，并在随后的高位卖出，获取收益。这样操作其中也存在一个问题，下面来看日线图。

**图 6-3-4**

图 6-3-4 是银河磁体（300172）2016 年 3 月—2015 年 5 月的 K 线走势图。个股在前期走出一个震荡的走势，震荡走势孕育了做T+0的交易机会。图 6-3-3 中用分时走势展示了 4 月 8 日的 T+0 交易机会，其实这样的机会还有很多，若是把范围放大，结合前文内容，就可以发现更多的 T+0 交易机会。

把握低开高走的 T+0 交易机会，是建立在个股趋势向好的基础之上的，当这一基础不存在时，操作的风险就会急剧放大。交易者在高位卖出是基于个股当日大涨，致使股价短时间内偏离均线太大，股价有回调的需要。

下面再看一下兰州黄河的分时走势图。

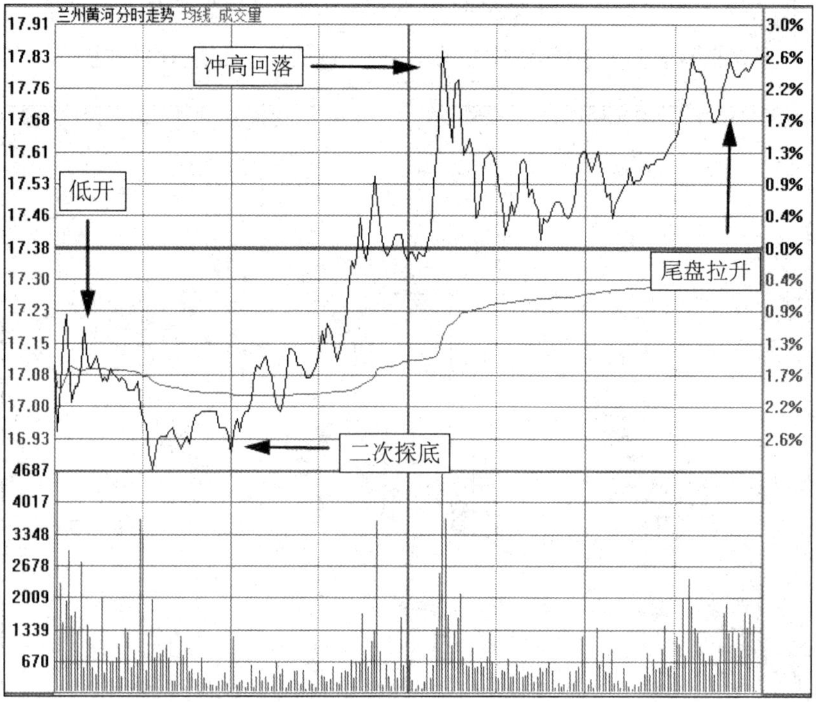


图 6-3-5

图 6-3-5 是兰州黄河（000929）2016 年 5 月 8 日的分时走势图，个股在当日的分时图中走出低开高走的走势。股价早盘低开后震荡，并出现下探的走势，下探之后走出上升走势。股价在这一波行情中出现快速拉升，拉升后虽出现回调，但在尾盘再次收回，全天走势相对强势。

个股探底回升后到后面股价拉高，其间有 5 个百分点的差价，T+0 交易者如能把握机会，也可获取不错的收益。交易者做T+0，可以在早盘低开时买进，并在随后的高位卖出，获取其中的差价收益。

对于个股出现的二次探底和拉高调整，从日线走势上能够发现端倪。

下面来看日线走势图。

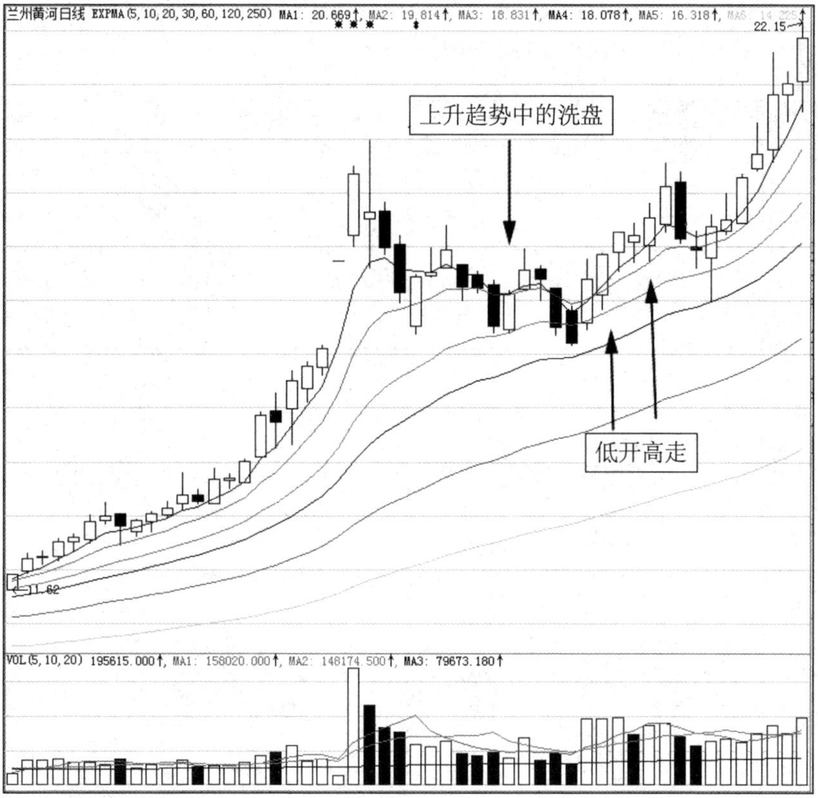


图 6–3–6

图 6–3–6 是兰州黄河（000929）2016 年 3 月—2016 年 5 月的 K 线走势图。个股在前期走出一个单边上升的走势，股价出现了不错的涨幅，抛盘也随之产生。受到抛盘的影响，股价进入震荡回调走势。因个股股价并未跌破均线，表明市场仍支撑股价走中线上涨行情，交易者可以把握其中的 T+0 交易机会。

判断中线行情仍在后，就可以继续做 T+0 交易，但这时需要注意均线的支撑力度。交易者可以在股价低开时买进，在股价拉高后卖出，获取其中的差价收益。

对于 2016 年 5 月 8 日低开高走的分时走势，从 K 图中可以看到个股在日线走势中走出一个摆脱调整的中阳线。此阳线是新的上升走势的开始，交易者可以根据日线和分时走势综合研判，对 T+0 交易作出合理的变通。

下面来看 K 线图中另一日的分时走势。

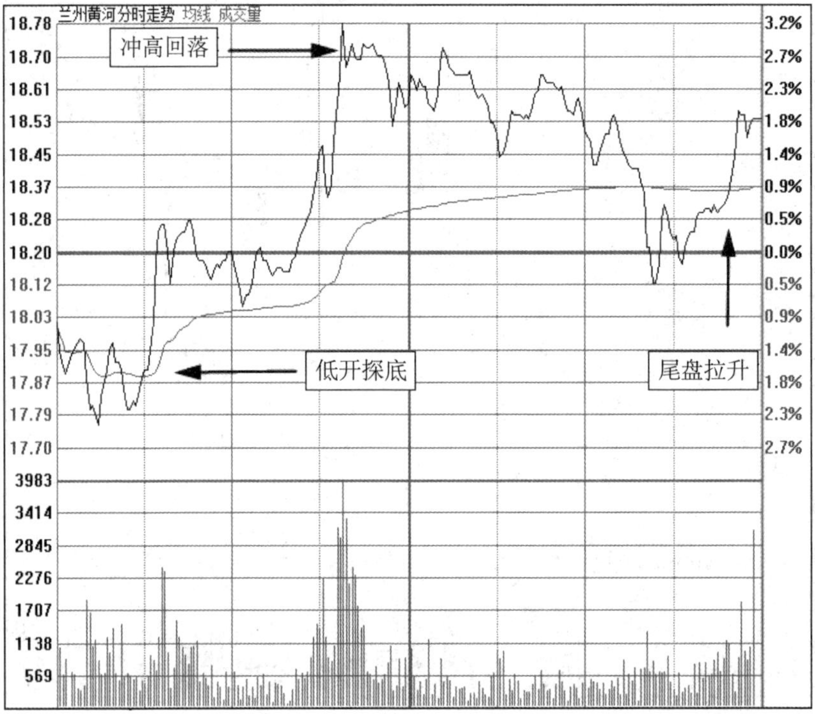


图 6-3-7

图 6-3-7 是兰州黄河（000929）2016 年 5 月 13 日的分时走势图，该股在当日的分时图中走出低开高走的走势。个股在早盘低开后即进入震荡走势，探底之后震荡拉升。拉升后再次出现回调，尾盘收回。对比两日的分时走势，可以发现它们的走势如出一辙。下面来分析一下形成这种走势的原因是什么。

个股在连续两日收出阳线之后，场内获利盘增加，形成抛盘压力，在 K 线图上就形成了十字星的走势。抛盘在收出十字星的当天并没有释放殆尽，于是第二天低开，再次清洗浮筹。随后的拉高回落也是出于清洗浮筹的目的，股价在清洗浮筹之后再次拉升。

对于两个如出一辙的分时走势，也能从股性的方面来解释，即“历史会重演”，当然历史不会简单地重复。

## 第四节　探底回升 T+0

当股价在分时图中出现探底回升走势时，交易者可以考虑在开盘阶段或尾盘拉升阶段卖出股票。而 T+0 交易的低吸建仓机会，则出现在分时盘中股价快速回调的时候。盘中出现探底走势，尾盘股价放量反弹，分时图中的第二次卖点出现。

开盘后股价探底回升，其走势原理与低开高走有大致相同的因素，是弱势运行个股经常出现的走势，一些个股短期上涨幅度较大也会引发这种走势。分时图中出现探底回升的走势后，价格有继续震荡走强的动力，交易者 T+0 操作的机会出现。

下面来看案例，分析个股的 T+0 交易机会。

图 6-4-1 是克明面业（002661）2015 年 11 月 4 日的分时走势图，该股在当日的分时图中走出探底回升的走势。个股早盘平开后遭到打压，股价快速下探。就在交易者犹豫时，股价探底回升，走出快速拉升走势。这一拉升走势持续时间很短，便遭到空方强烈打压，股价又迅速回落。这一涨一落间，交易者难以决定交易的方向。随后股价又重拾升势，走出震荡上升的走势。

个股在早盘走出的分时形态有明显的洗盘痕迹，通过快速打压，让拿不定主意的交易者卖出筹码，也让企图跟进的交易者无从下手。对于这样的走势，交易者可以根据日线走势、均线位置，在早盘就作出买进的决定。到尾盘时，交易者已经获利不菲。

下面来看个股的日线图。

图 6-4-2 是克明面业（002661）2015 年 10 月—2015 年 12 月的 K 线走势图。个股在前期走出一个单边上升的走势，股价运行在均线系统之上。个股单边

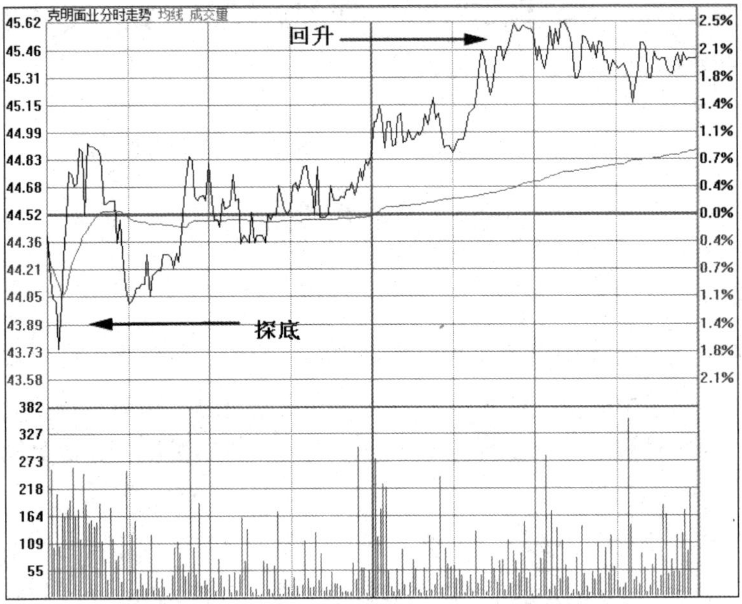
克明面业分时走势 均线 成交量
回升
探底
45.62
45.46
45.31
45.15
44.99
44.83
44.68
44.52
44.36
44.21
44.05
43.89
43.73
43.58
2.5%
2.1%
1.8%
1.4%
1.1%
0.7%
0.4%
0.0%
382
327
273
218
164
109
55

图 6-4-1

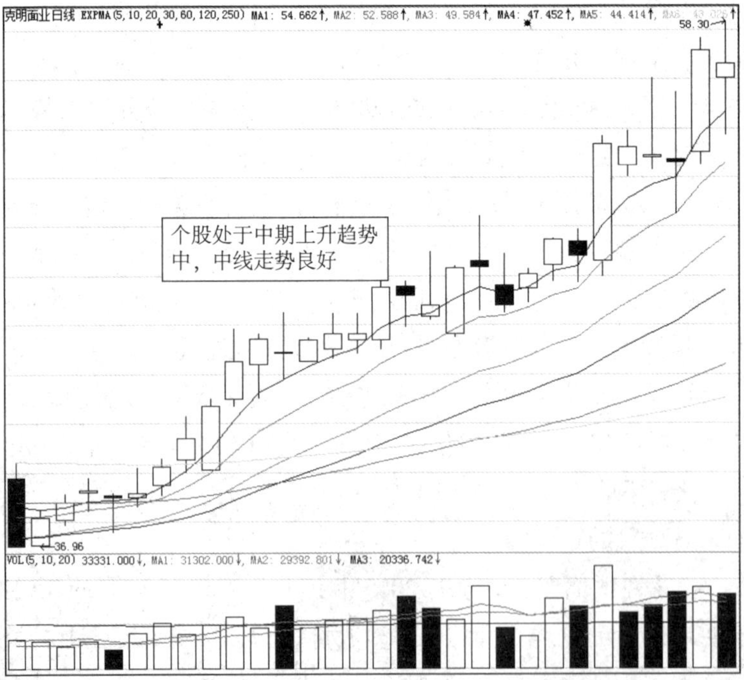
克明面业日线
个股处于中期上升趋势中，中线走势良好
58.30
36.96

图 6-4-2

向上固然很好，但获利筹码造成的抛压也必须正视。主力正是通过股价的日内波动来清洗筹码的，这也为交易者做 T+0 提供了机会。

对于个股分时走势的波动，放到日 K 线图上观察，就会明显看到股价下探的底线是下方的均线位置，交易者可参考均线做T+0交易，获取其间的收益。

下面来看另一日的分时走势图。

图 6–4–3

图 6–4–3 是克明面业（002661）2015 年 11 月 12 日的分时走势图，该股在当日的分时图中走出探底回升的走势。个股早盘开盘后即进入单边下跌走势，午盘后股价跌势趋稳，并形成一个横盘走势，个股探底成功后，重新回归上升趋势。

个股在早盘走出的分时形态，同样带有明显的洗盘痕迹。股价单边下跌，持股者担心亏损放大或获利回吐，在行情接近底部时卖出。抛盘逐渐减少后，股价开始新的升势，个股探底成功，重回上升走势，交易者做T+0的机会出现。

下面再看一个案例。

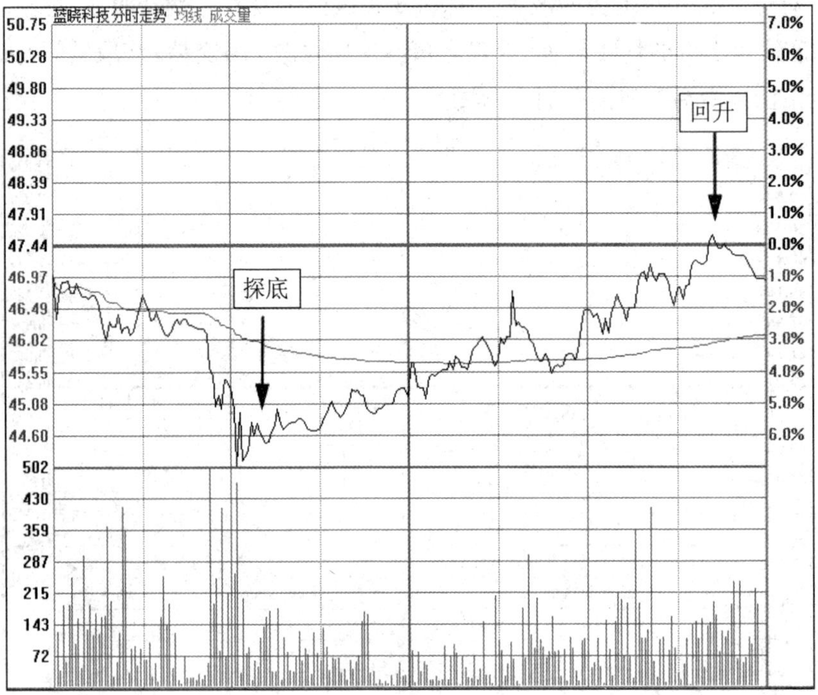


**图 6–4–4**

图 6–4–4 是蓝晓科技（300487）2015 年 10 月 27 日的分时走势图，该股在当日的分时图中走出探底回升的走势。个股早盘平开后出现单边下探走势，并在早盘 10:00 出现快速探底，个股跌幅放大，一度达到 6 个百分点以上。在快速回落逼出抛盘后，股价出现慢慢企稳的走势，此后走出单边上涨走势，个股探底回升走势明显。

个股探底走势可以成为 T+0 交易的买点，尾盘走高则是卖点。当然，从 T+0 交易来说，早盘平开也是一个卖出点位，可以在探底成功时回收筹码。

图 6–4–5 是蓝晓科技（300487）2015 年 8 月—2015 年 10 月的 K 线走势图，该股前期走出一个震荡吸筹的走势。个股在此阶段通过上下震荡吸收筹码，

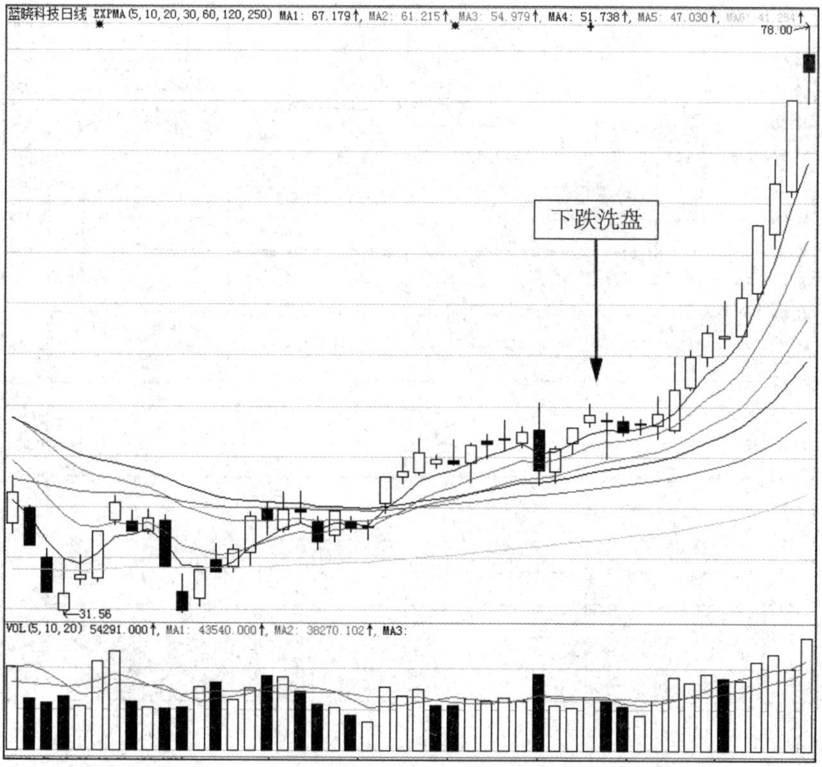


图 6-4-5

收集到一定程度后，股价开始上扬，并站稳在均线系统之上。

个股站稳均线，上升行情确立，但主力并不是直接拉升股价，而是出现一个日内洗盘的动作，股价在分时盘中出现震荡的走势，但并未跌破均线，支撑股价继续看好。洗盘结束后，开始了大幅度的上涨。

个股站稳均线是中线看好的走势，主力通过股价的波动来清洗筹码，为做 T+0 交易提供了机会，交易者可以根据均线的支撑和分时走势做出买卖决定，获取其间的收益。

下面看其后的分时走势。

图 6-4-6 是蓝晓科技（300487）2015 年 10 月 30 日的分时走势图，当日分时图中继续走出探底回升的走势。个股利用早盘的单边下探走势清洗筹码，

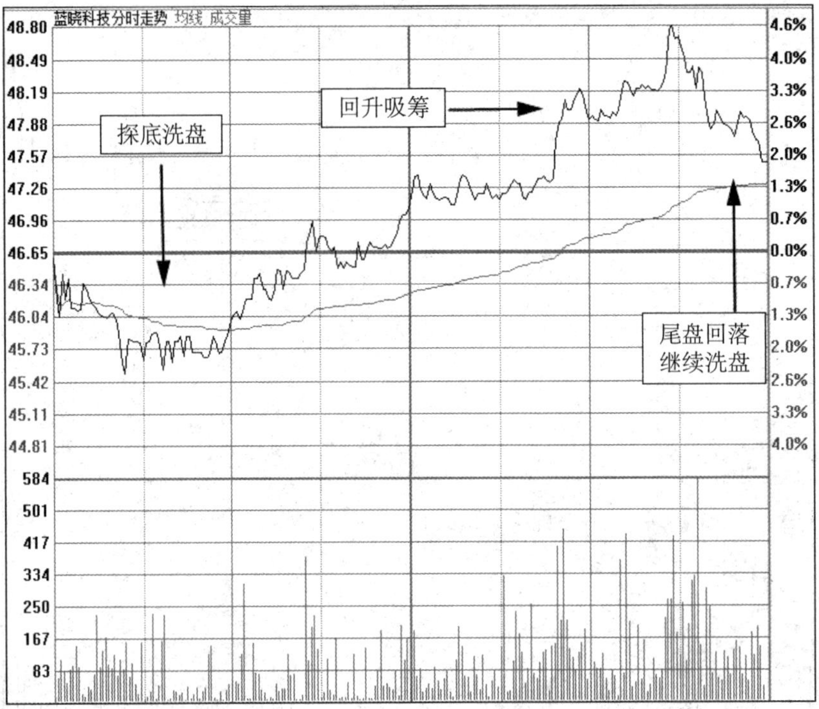


图 6-4-6

并在随后的上升行情中慢慢吸筹。尾盘回落也是一个洗盘的动作，这时的回落为第二天的探底回升走势打下了基础。

对这种已走出底部区域、中线看好的个股，交易者要把握其间的交易机会。当然，机会一方面表现在 T+0 交易上，一方面也表现在持仓仓位上。对于这种走势的个股，交易者一方面要敢于重仓持股，以大仓获取高回报。另一方面，交易者也要顺势做日内的 T+0 交易以扩大收益。

下面来看南京医药的走势。

图 6-4-7 是南京医药（600713）2015 年 11 月 5 日的分时走势图，该股在当日的分时图中走出了探底回升的走势。个股早盘平开并走出震荡行情，显示个股上升动力不足。因为支撑力量不够，震荡一段时间后开始单边下跌走势。个股跌幅放大，达到近 3 个百分点左右。但个股的下跌走势并未持续

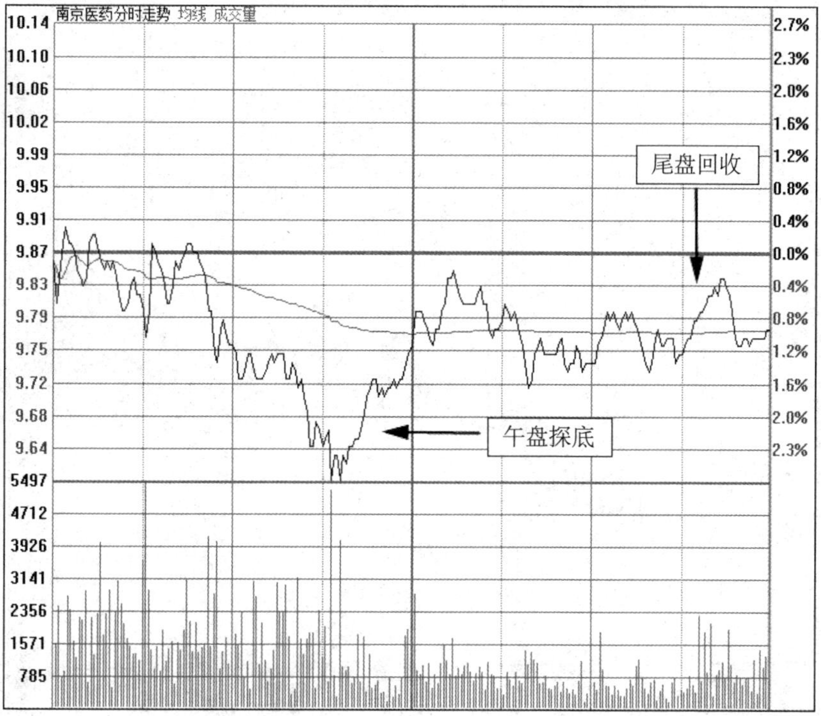


图 6-4-7

下去，而是探出底部后出现了 V 形反转走势，最终股价回升，留下探底回升的走势形态。

进行 T+0 操作的交易者可以在高点卖出，在探底时的低点买进。对于到底是该在早盘卖出还是在尾盘卖出，从日线走势上可见端倪。

图 6-4-8 是南京医药（600713）2015 年 9 月—2015 年 11 月的 K 线走势图。该股在运行中走出上升趋势，股价站稳在均线系统之上，中线行情看好。在中线看好的情况下走出阴线的洗盘动作，给交易者带来了 T+0 操作的机会。股价在阴线之后出现回落走势，表明多方正在通过回落慢慢地积蓄做多能量，阴线之后放出的大阳线即是证明。

出现大阳线是个股上升趋势再次开始的标志，这时交易者也要注意套牢盘的因素。个股第二天走出探底回升走势，正是为了消化套牢盘的抛压。探

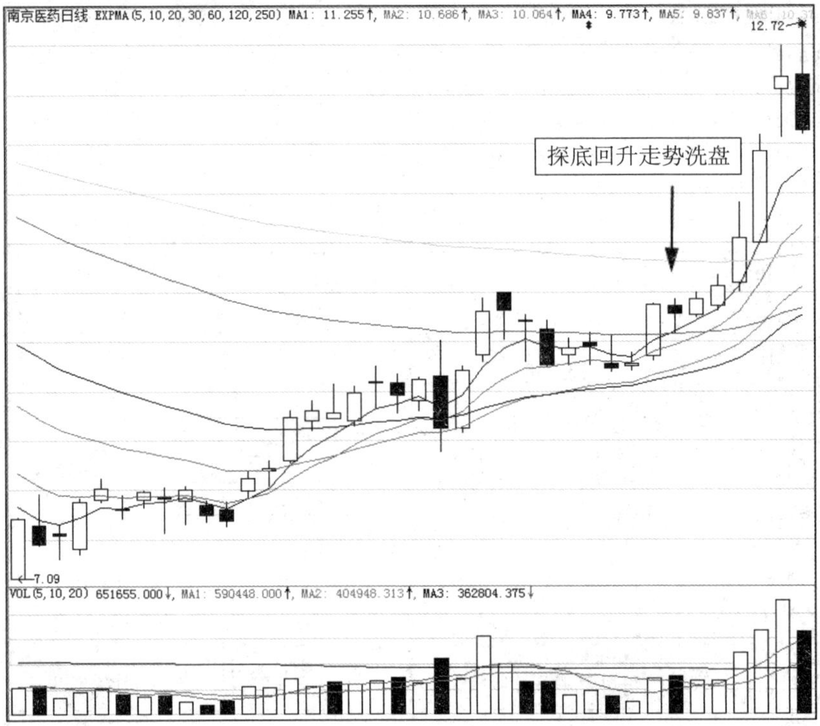


图 6-4-8

底是为了释放抛压，股价回升则是再次收集筹码。股价能够再次回升，则是上升动力强劲的体现。对交易者来说，最好的 T+0 交易时机是在早盘卖出，在低位回落时回补仓位。尾盘回升是上升趋势确立的标志，有仓位的可以继续持股。

股价短期涨幅过大，难免会引起获利盘回吐，股价承压，这时就有回调的需要。交易者及时抛出，能够保住到手的利润，股价回落时则是回补仓位的好时机。

交易者做 T+0 时要注意，高抛是因为看跌，低吸是因为看涨。当股价刚启动上升行情时，要注意踏空的风险，股价下跌则要注意行情走坏的风险。之所以要求交易者参考日线走势做分时 T+0 交易，原因就在于此，请交易者多加注意。

# 第五节 区间操作 T+0

区间 T+0 是直接在分时图和分钟图的时间框架内讨论 T+0 买卖时机。在这样的时间框架内，交易者不用观察日线走势，而是从分时走势和分钟图的各项技术指标判断买进还是卖出，这样的操盘方法在实战中也有一定的普遍性。这里提到的分钟图，主要是指 5 分钟 K 线走势。下面通过案例，来看 5 分钟 K 线走势提示的 T+0 买卖点。

先看金瑞矿业的分时走势。

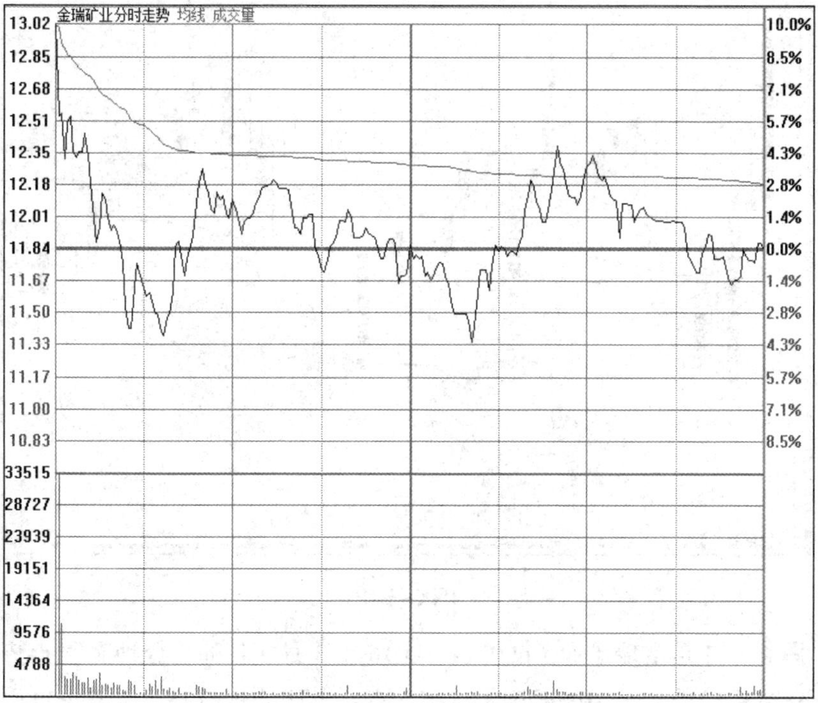


图 6-5-1

图 6-5-1 是金瑞矿业（600714）2016 年 3 月 4 日的分时走势图，该股在当日的分时图中走出横盘震荡的走势。当天早盘股价高开，随后就进入下跌走势。股价在低位获得支撑，随后走出反弹走势，但反弹的力度不大，股价不能站稳均线。随后股价反转下行，在跌至前低位置再次获得支撑，又一次进入反弹行情。反弹力度同样不足，随后重返下跌。股价全天就在这样的横盘震荡走势中。

下面通过对 5 分钟线的分析，看看从中能不能发现 T+0 的买卖点。

图 6-5-2

图 6-5-2 是金瑞矿业（600714）2016 年 3 月 4 日的 5 分钟 K 线走势图。从 5 分钟 K 线走势图中能看到不少买卖点：大阴线下行是一个卖出点位，在低位收出大阳线是一个买进点位；反弹后股价无力上行，走出一根中阴线，

这是卖出点位，股价回落到前期低位获得支撑，走出的大阳线收回阴线失地，形成买点；个股反弹中形成的阴线下跌，再次形成卖点。

对于以上买点及卖点分析，交易者从 K 线及均线的走势判断即可。对于其中走出的多次买卖点位，交易者可择机操作，获取 T+0 差价收益。

下面再来看一个案例。

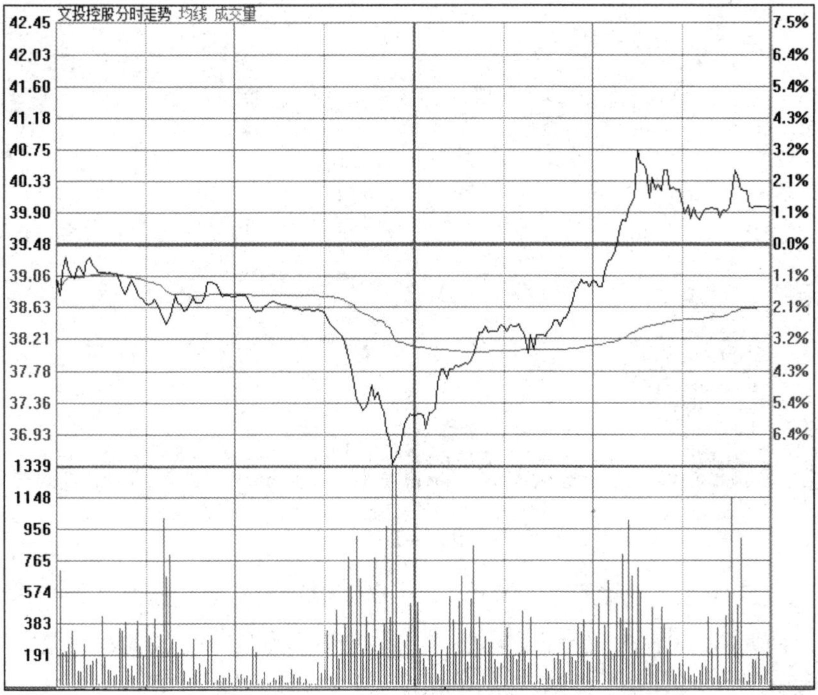


图 6-5-3

图 6-5-3 是文投控股（600715）2015 年 3 月 15 日的分时走势图，该股在当日的分时图中走出探底回升的走势。个股当天早盘略微低开，并围绕均线震荡。在震荡过程中可以看到，股价重心不断下移，行情运行相对弱势。

接近午盘时股价出现快速跌落的走势，短时间跌幅达 6 个百分点以上。这样的走势并未持续太久，随后股价走势出现反转，走出单边上扬的走势，尾盘收涨，探底回升走势明显。

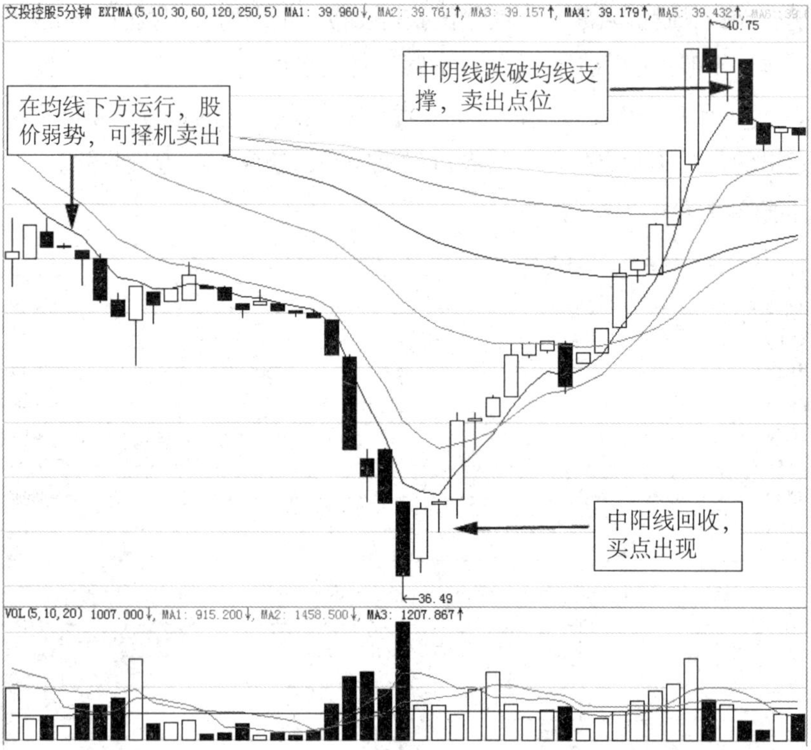


图 6-5-4

图 6-5-4 是文投控股（600715）2015 年 3 月 15 日的 5 分钟 K 线走势图。从 5 分钟 K 线走势中，能够发现 T+0 交易的买卖点位。个股弱势开盘，股价长时间处于均线下方，交易者可以及早卖出，获利了结。个股于大跌后出现回收的中阳线，短期买点出现。此后个股沿均线上行，交易者可以坚定持股。在个股运行到高位后，股价出现滞涨走势，收出的中阴线跌破均线支撑，个股短期卖点出现。

交易者根据 5 分钟线的走势操作 T+0，日内获利将相当丰厚。

下面来看酒鬼酒的分时走势。

图 6-5-5 是酒鬼酒（000799）2015 年 12 月 3 日的分时走势图，该股在当日的分时图中走出冲高回落的走势。个股当天早盘略微低开，并围绕均线

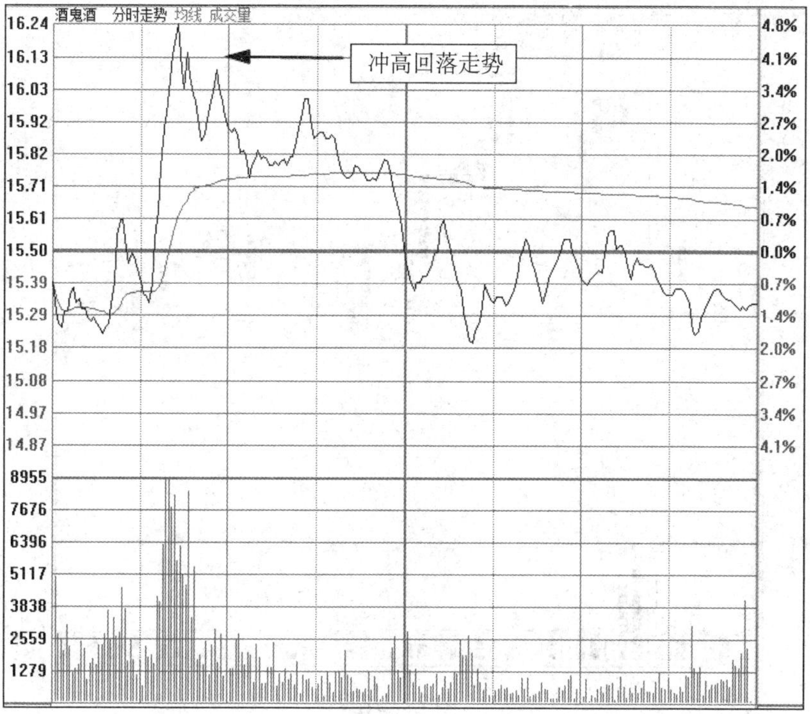


图 6–5–5

震荡。经过一段时间的震荡后开始上升走势，股价出现快速拉升，短时间内涨幅近 5 个百分点。快速拉升后出现回落走势，全天走势呈现冲高回落的形态。

下面来看该股 5 分钟 K 线走势的买卖点。

图 6–5–6 是酒鬼酒（000799）2015 年 12 月 3 日的 5 分钟 K 线走势图。在 5 分钟 K 线走势中，能够发现可操作的 T+0 买卖点位。个股开盘后出现大阳线拉升，走势不错。在股价走到高位后出现滞涨的走势，K 线上形成上吊线，卖出意义明显。个股从高位回落后，长期在均线下方运行，交易者在低位补仓也是一个可行的操作，这时要注意股价的中线是不是向上走势。

当然，对于交易者来说，最好的买进时机是股价站稳均线之后，此时买进即可获利，风险最小，收益也相当不错。

下面来看华鹏飞的分时走势。

酒鬼酒 5分钟 EXPMA(5,10,30,60,120,250,5) MA1: 15.257↓, MA2: 15.314↓, MA3: 15.426↓, MA4: 15.444↓, MA5: 15.279↓
16.27
吊线卖出
15.07
VOL(5,10,20) 13538.000↑, MA1: 7921.800↑, MA2: 6059.900↑, MA3: 8290.592↓

图 6-5-6

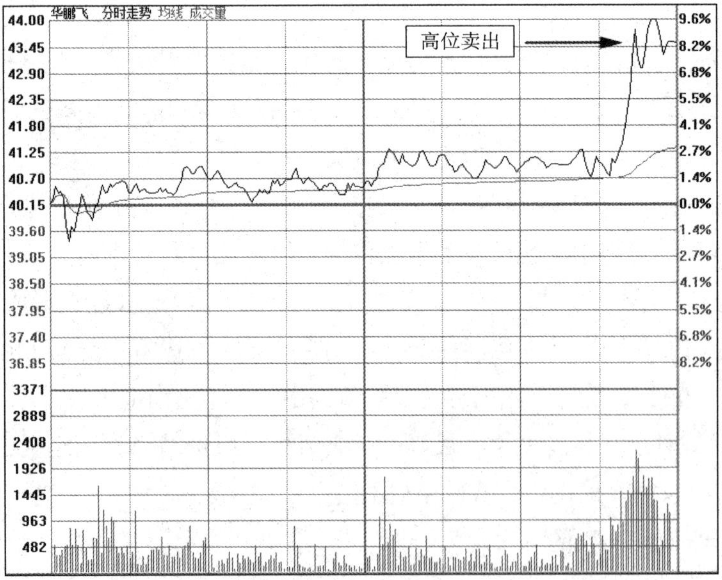
华鹏飞 分时走势 均线 成交量
高位卖出
44.00
43.45
42.90
42.35
41.80
41.25
40.70
40.15
39.60
39.05
38.50
37.95
37.40
36.85
3371
2889
2408
1926
1445
963
482
9.6%
8.2%
6.8%
5.5%
4.1%
2.7%
1.4%
0.0%
1.4%
2.7%
4.1%
5.5%
6.8%
8.2%

图 6-5-7

图 6-5-7 是华鹏飞（300350）2015 年 11 月 6 日的分时走势图，该股在当日的分时图中走出横盘拉高的走势。个股当天早盘平开，做出一个简单的下跌洗盘动作后，就长时间运行于均线之上，股价走势稳健，均线支撑股价进一步上升。个股在横盘震荡过程中走出慢慢抬升的走势，这更是股价向上的证明。在前面种种迹象的支撑下，股价尾盘拉升也是意料之中的事情。对于在高位是否要卖出，则要看个股的 5 分钟 K 线走势。

图 6-5-8

图 6-5-8 是华鹏飞（300350）2015 年 11 月 6 日的 5 分钟 K 线走势图。在个股的 5 分钟 K 线走势中，大家试着从中发现 T+0 交易的买卖点。

个股开盘后做出洗盘动作，但股价并未跌破均线的支撑，因此有继续看好的理由。此后股价长时间运行于均线之上，运行平稳，可以继续持股。个股在均线上方运行，同时也在慢慢地积蓄做多能量，最终股价在尾盘出现大幅拉升，持股者的收益快速增加。但这时风险也悄悄地出现了，尾盘的回落在 5 分钟线上留下一根大阴线，表明股价有短期回落的需要，T+0 交易者可短线卖出，保住已有收益。

T+0 交易是为交易者获利服务的，交易者做 T+0 的目的是为了获取收益，所以在操作的时候不可太强求，不能做 T+0 时要学会放弃，能把握的 T+0 交易则要把握住交易机会。交易者对自己的操作要有约束，做到理性、客观，让每一笔交易都有一个良好的买点，在每一个卖点都能及时果断地卖出。

# 第七章
# T+0 交易仓位

## 第一节　半仓 T+0 交易

短线交易中，交易者投入的资金越多，盈利的空间就越大，特别是股价表现强势的情况下，大资金建仓以后，短时间就可以获得超额回报。不过短线交易的投资回报和持股风险是对等的，回报大的情况下，资金占用率高，一旦股价回调，便会遭受较大的亏损。所以适当调整持股资金规模，交易者就能很好地适应价格波动，这样即便出现调整，也能够轻松应对。

在 T+0 交易仓位问题上，这里简单给出两个标准，一个是半仓，还有一个就是全仓。当然，交易者还可以做具体的增减，比如三分之一仓位也是常见的持仓。交易者对仓位的把握，要依据对个股走势的把握。看好个股行情，可以把仓位放得大一点，若是不看好行情，但还想做一些超短线，可以把仓位适当收一点儿，根据行情走势的强弱灵活调整。

半仓的优点在于，一旦股价出现异动，交易者就可以毫不犹豫地介入，这样既可以获取股价上涨的收益，又能在个股回调时保留后手。半仓交易还有一个好处，就是在 T+0 交易中，既能够做顺向的 T+0 交易，也能够做逆向的 T+0 交易。因为交易者有一半的仓位和一半的资金，就可以同时操作卖出和买进，这一点全仓持股是做不到的。全仓 T+0 交易只能做逆向的 T+0 交易。

下面通过案例来解释半仓 T+0 交易。

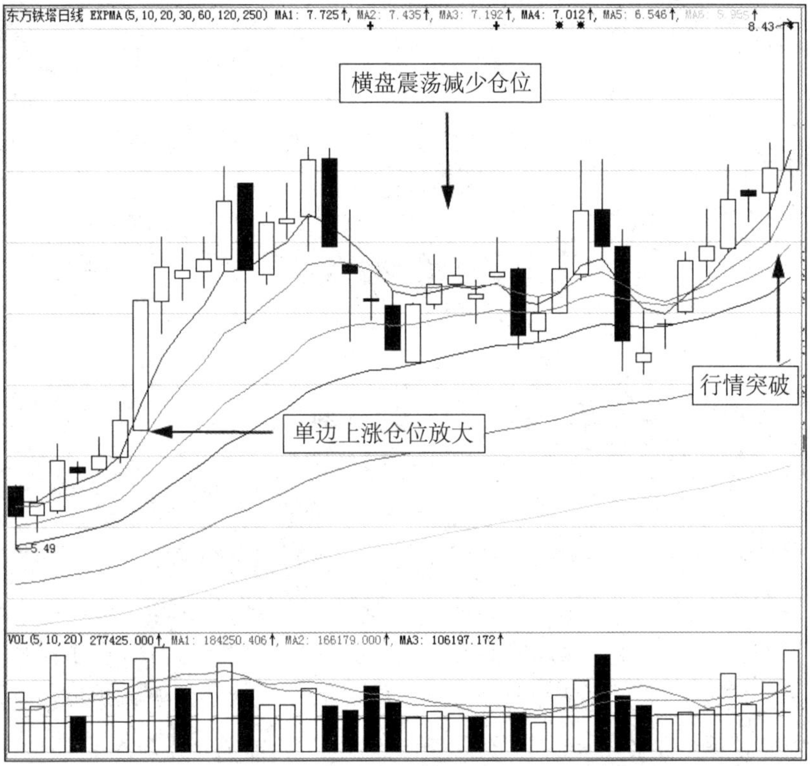


图 7-1-1

图 7-1-1 是东方铁塔（002545）2015 年 3 月—2015 年 5 月的 K 线走势图，该股在区间运行中呈现明显的上升和调整形态。个股前期走出单边上涨行情，但随着股价的上升，获利盘增加，股价有调整的需要，随后走出震荡走势。个股在震荡中消化抛盘，积蓄新的上升动力，并于此后开始新的上升走势。

对于其中不同的走势，一般交易者操作 T+0 时可区别对待。前一阶段股价单边上涨，交易者可以放大仓位，甚至全仓操作。对于中部的震荡走势，可以减小仓位，半仓甚至三分之一仓操作。对于随后再次走出的上升走势，交易者可以慢慢加仓，以获取更大收益。在从震荡到单边上扬的走势中，K 线走势十分重要，对于把握不准的交易者，可以半仓操作，这样既能获取收益，又可以降低风险。

下面来看当天的分时走势图。

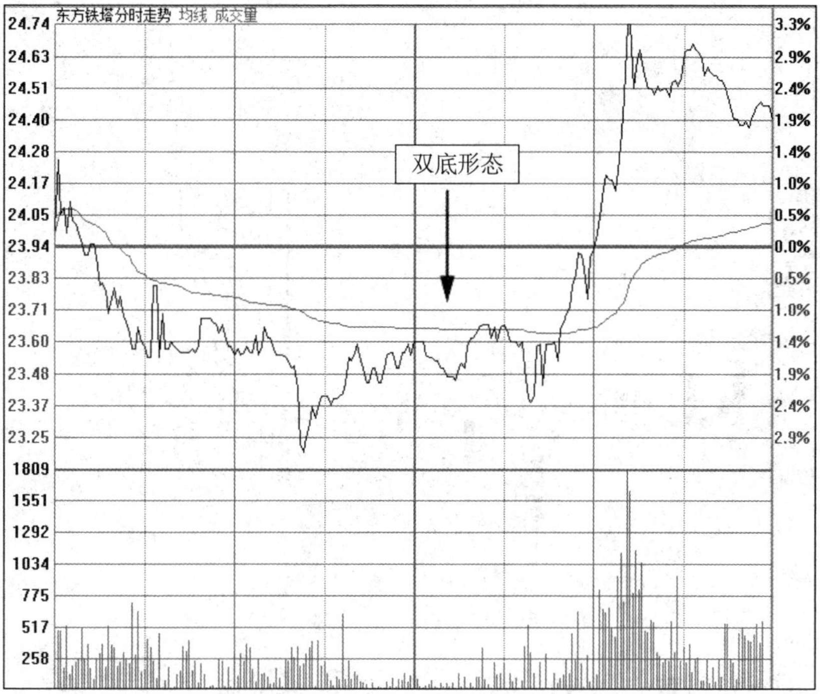


图 7-1-2

图 7-1-2 是东方铁塔（002545）2015 年 5 月 15 日的分时走势图，该股在当日的分时图中走出探底回升的走势。个股当天早盘高开后，即进入单边下跌的走势中，接近午盘时探到最低点，随后股价出现震荡回升的走势。午盘开盘后再次做出一个探底的动作，但并未跌破前一低点，在分时图上构成一个双底的形态，随后开始大幅拉升走势。

对于这样的走势，因前期个股走低，交易者不能确定股价是否要回调，难以作出买进决定。在以后的拉升中，个股快速上涨，留给交易者思考的时间极少，交易者可取的办法就是半仓介入，控制风险，获取收益，这样可以做到进退有据。

下面来看 5 分钟 K 线走势图。

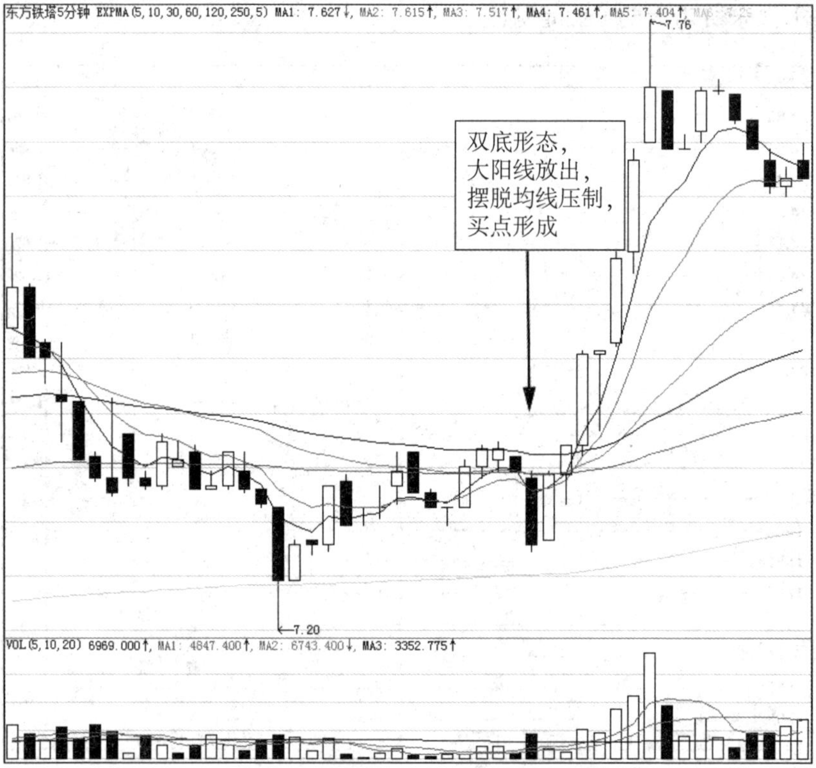


图 7-1-3

图 7-1-3 是东方铁塔（002545）2015 年 5 月 15 日的 5 分钟 K 线走势图。在 5 分钟 K 线走势图中，从中发现 T+0 交易的买卖点。个股开盘后走出下行走势，长时间维持在均线下方运行。个股的下跌走势在改变之前，交易者不宜过早介入。

午盘形成一个双底走势，股价有企稳的迹象。在构筑双底的过程中，于右底放出大阳线，从这一点来看，股价好像要转为上升走势。大阳线后升势继续，再次放出阳线，并突破均线的压制，有望走出上升趋势，T+0 买点出现。

对于高位出现的大阴线，交易者可结合日线走势作出买卖决定。

下面再看山东药玻的走势。

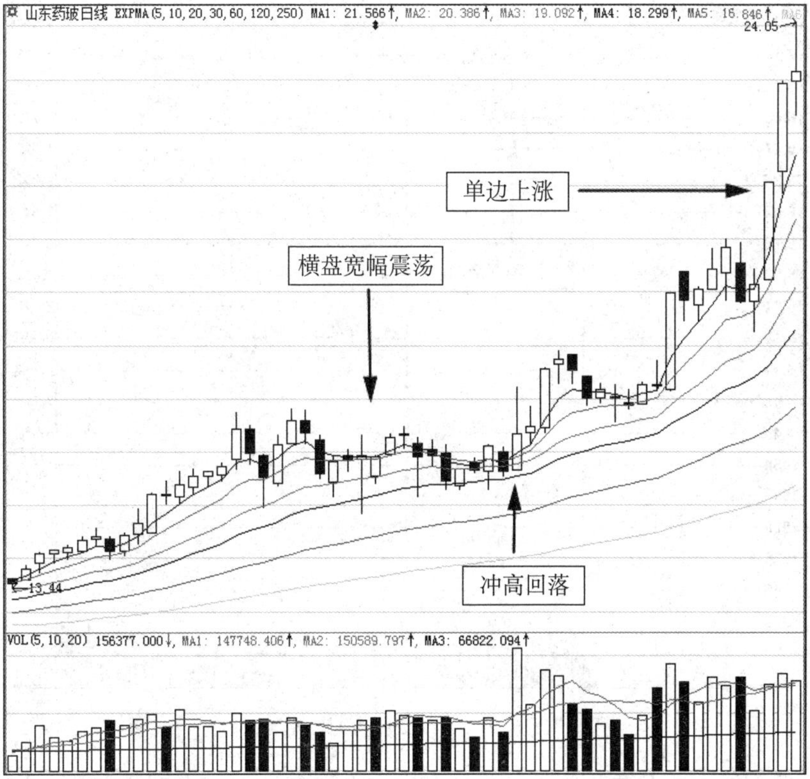


图 7–1–4

图 7–1–4 是山东药玻（600529）2015 年 3 月—2015 年 6 月的 K 线走势图，该股在区间运行中呈现明显的上升和调整形态。个股在前期走出单边上涨行情，随着股价的上升，盘中筹码开始松动，主力借震荡来消化获利盘。个股在震荡中仍能站稳在均线之上，预示股价仍然处于强势之中。个股经过震荡消化浮筹并积蓄新的做多能量，之后开始新的上升走势。

交易者可以在行情不是太明确的震荡走势中采取半仓的方法操作 T+0，当行情明朗后再逐步加仓。

下面来看当天的冲高回落分时走势图。

图 7-1-5

图 7-1-5 是山东药玻（600529）2015 年 5 月 6 日的分时走势图，该股在当日的分时图中走出冲高回落的走势。个股当天早盘平开后即进入单边上涨走势，接近午盘时探到最高点，个股涨幅接近涨停。随后股价出现震荡回落的走势，走势明显走弱，这需要引起交易者的注意。经过一段时间的盘整后，股价于尾盘跌破均线，回落一半以上，回调幅度不小。

个股的单边上升走势会让犹豫的交易者失去买进的机会，买进的交易者若是遇到股价回调，则又面临损失的风险。这种情况下，交易者就可以采取半仓介入的办法，控制风险，获取收益，做到进退有据。在股价回调并获得支撑后，还可以补仓摊平成本。

下面来看个股的 5 分钟 K 线走势图。

图 7-1-6

图 7-1-6 是山东药玻（600529）2015 年 5 月 6 日的 5 分钟 K 线走势图。在 5 分钟 K 线走势图中，尝试从中发现 T+0 交易的买卖点。个股开盘后走出单边上升走势，股价长时间维持在均线上方运行。这时个股的支撑良好，股价运行平稳，交易者可以适当介入，以免错失股价上涨行情。

股价在高位出现回调的走势，5 分钟线留下长上影线，表明个股有回调的需要。此后股价也确实处于回调之中。个股在尾盘跌幅加大，但这时能看到股价正在慢慢地接近均线系统。个股在得到均线的支撑后，仍可作为买进时机。结合日线走势分析，个股向上运行仍是大概率事件，交易者可以在股价获得均线支撑后买进，获取上升收益。

这一 T+0 交易体现了半仓在风险控制方面的优势，交易者在面对不确定行情时，可以优先使用半仓来操作，以控制股价回落的风险。

下面再看一个案例。

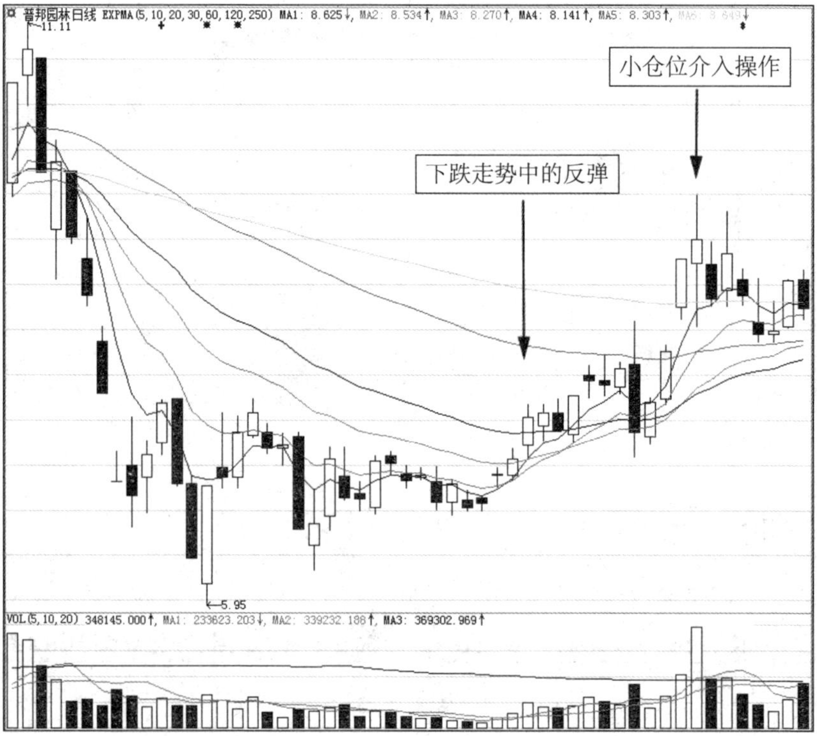


图 7–1–7

图 7–1–7 是普邦园林（002663）2015 年 8 月—2015 年 11 月的 K 线走势图，该股在区间运行中呈现超跌反弹走势。个股前期走势是单边下跌行情，股价在短时间出现大幅下跌。随着股价的大幅回落，抄底资金介入，个股在震荡吸筹后走出上升行情。但这一上涨只是下跌走势中的反弹而已，交易者对此必须有清醒的认识。

股价在底部调整走势中震荡吸筹，慢慢集聚筹码。随着时间的推移，均线有走好的迹象，交易者的短线机会来临。仍要强调的是，大家要明白，这只是下跌趋势中的反弹而已，所以买进时的仓位不能太重，一定要控制可能发生的风险。

前文中说，T+0 交易的前提是中线行情看好，这里再次强调这一点。大家也必须承认，很多时候人们的操作只是获取一些短期收益，并非看中长期的走势。但这里还是要强调，认识到自己身处险境是一种智慧，不知身处险境才是真正的风险，希望大家谨慎对待交易。

下面来看分时走势图。

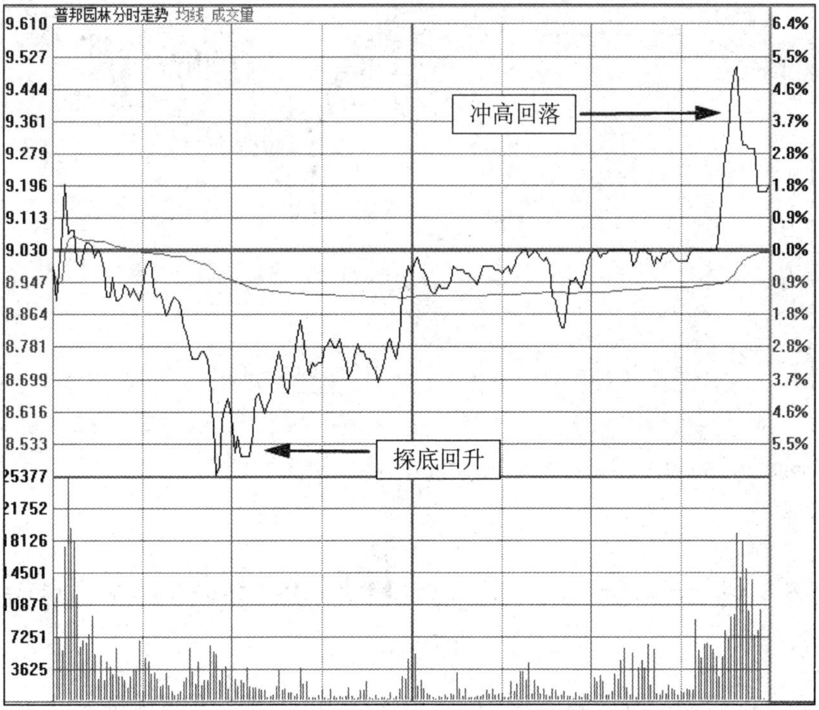


**图 7–1–8**

图 7–1–8 是普邦园林（002663）2015 年 10 月 27 日的分时走势图，该股在当日的分时图中走出探底回升并冲高回落的走势。个股当天早盘略微低开后即进入震荡下跌的走势，下跌末端呈直线回落的走势，短时间内跌幅达 5 个百分点以上。大幅下跌后，做空力量得到释放，随后股价开始回升，并在尾盘出现快速拉升的走势，股价瞬间上升近 5 个百分点。个股全天波幅近 10 个百分点，T+0 交易的获利空间巨大。

下面来看 5 分钟图中的买卖点。

图 7-1-9

图 7-1-9 是普邦园林（002663）2015 年 10 月 27 日的 5 分钟 K 线走势图。在 5 分钟 K 线走势图中，尝试从中发现 T+0 交易的买卖点。个股前一交易日涨停，所以在 5 分钟图上呈一字形态。

就 10 月 27 日当天的走势，可以看到股价开盘即出现强震走势，股价随后单边下跌，跌落至均线处获得支撑，低位收出的大阳线处可视为买点。随后股价开始上行。当股价运行到高位时，个股走出长上影线，预示股价有回调的需要。结合日 K 线走势，交易者就要注意持仓的风险，果断做出卖出决定。

下面再看阳泉煤业的走势。

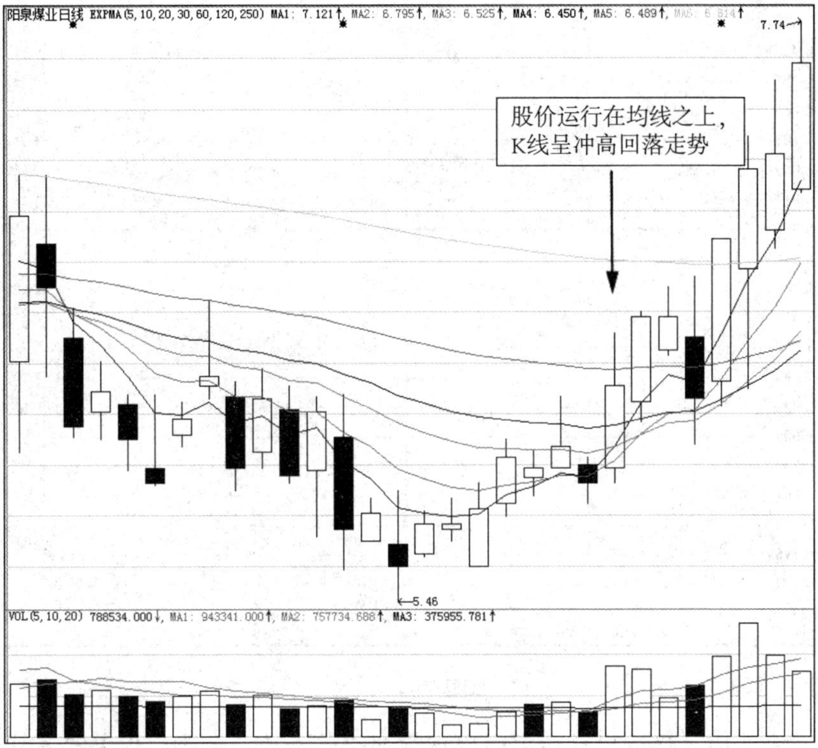


图 7-1-10

图 7-1-10 是阳泉煤业（600348）2016 年 1 月—2016 年 3 月的 K 线走势图，该股在区间运行中呈现超跌反弹走势。前期股价处于单边下跌行情，股价出现大幅下跌。随着股价的大幅回落，抄底资金开始介入，股价在底部获得支撑后走出上升行情。个股慢慢站稳均线，同时股价大幅波动，这种情况可以视为 T+0 交易的好机会，应注意把握。

因为个股仍处于长期下跌走势中，而且无法确认行情的持续性，这时交易者要对操作的仓位加以控制。

下面来看个股站稳均线当天的分时走势。

图 7-1-11 是阳泉煤业（600348）2016 年 2 月 22 日的分时走势图，该股在当日的分时图中走出冲高回落的走势。个股当天早盘略微高开后即进入单

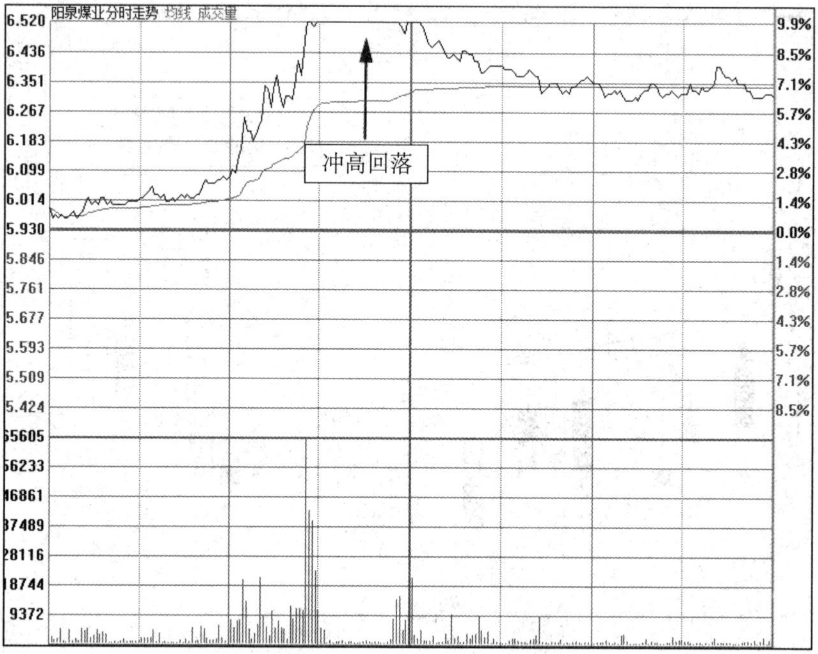


图 7–1–11

边上涨走势中，接近早盘结束时出现快速拉升走势，个股出现大幅上涨，最高封至涨停板。但个股涨停并没有封住，股价在早盘结束时被打开，午盘开盘后呈现震荡回落的走势。

涨停后开板是受到高位的抛压所致，涨停的位置也正是走势中的压力位。前期套牢盘经过长时间的套牢，突然之间出现解套的情况，于是纷纷卖出个股，股价在这些抛压下逐步走低。对后市行情的判断，则是新进资金能否消化抛盘，这一点仍有待观察。

下面来看个股的 5 分钟 K 线走势。

图 7–1–12 是阳泉煤业（600348）2016 年 2 月 22 日的 5 分钟 K 线走势图。在 5 分钟 K 线图中，尝试从中发现 T+0 交易的买卖点。股价在涨势初期一直站稳在均线之上，均线支撑股价上行，交易者可以择机买进，获取上涨收益。

个股在前期低位盘升一段时间后开始直线拉升，股价呈单边上涨走势，

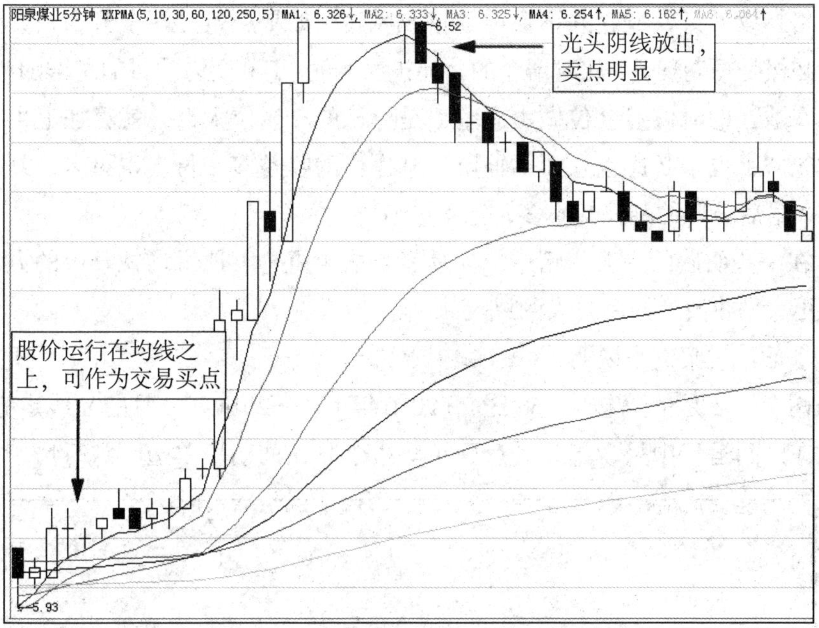


图 7-1-12

最终股价封在涨停板位置。涨停后期走出中阴线，表明个股有回调的需要，交易者需要注意风险。这时交易者可以注意下方均线的支撑力度，股价站稳均线，则上涨行情有待进一步发展。股价跌破均线，那么持仓风险加大，要注意及时离场。

仓位控制是根据行情走势来灵活调整的，当交易者对行情走势不是太肯定时，可以以少量仓位操作。随着行情走势逐渐明朗，交易者对个股的走势有了更明确的判断，这时就可以对仓位进行调整，全仓投入或者减至空仓。

## 第二节　全仓 T+0 交易

在 T+0 的增仓操作中，总体持仓情况应随着行情的发展逐渐增加。考虑到价格持续回升，增仓并不会增加持股风险。如果股价处于上升通道，那么回调必然是短期现象，此时增仓的话能扩大利润。T+0 交易的目的是增加利润，所以在适当的时候对仓位做出调整也是应该的。仓位太低，就算加上 T+0 操作的收益，也未必比重仓而不辅以 T+0 操作的收益多。付出得更多，判断得更准，最后获取的利润却不多，岂不可惜。

在一些明确的上升行情中，交易者要敢于重仓，通过增减仓位的方法来获取更大的收益，控制更大的风险。

下面通过案例来说明。

图 7-2-1 是华微电子（600360）2016 年 1 月—2016 年 4 月的 K 线走势图，该股在区间运行中呈现出超跌反弹走势。个股在前期呈单边下跌行情，股价

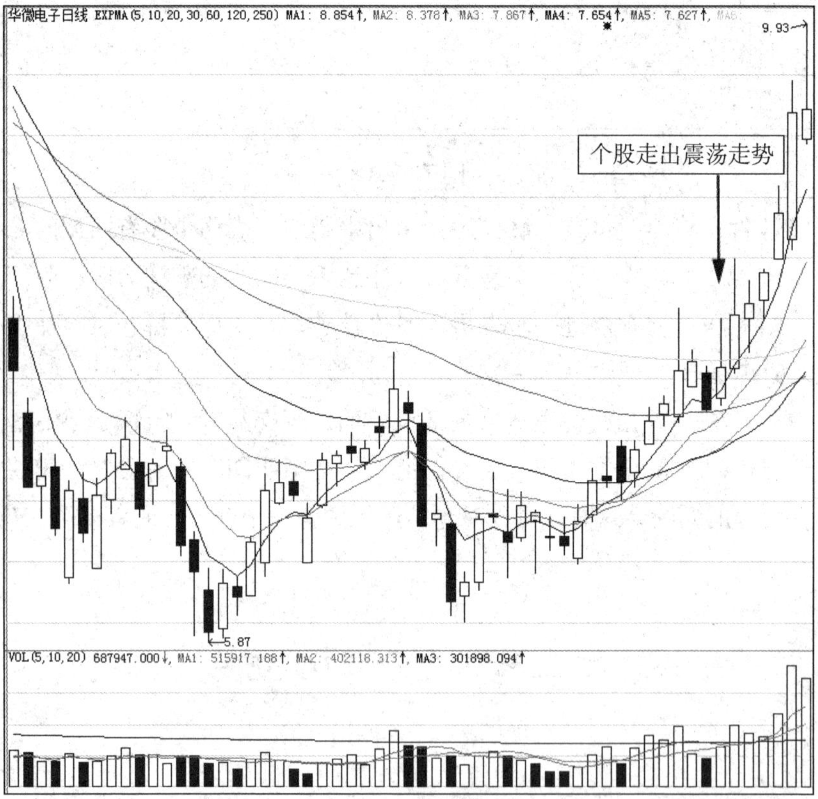


图 7-2-1

出现大幅下跌。随着股价的大幅回落，抄底资金逐渐介入，个股在底部震荡筑底。等个股在底部获得充足的低位筹码后，股价获得新的上升动力，个股再次走出上升行情。随后股价慢慢站稳均线，并摆脱震荡区域，进入加速上升的走势。

对于其中的不同阶段，操作 T+0 时要注意保持不同的仓位。震荡行情中，因为无法判断股价是否企稳，这时要小仓位参与，最好是空仓等待。等个股在随后的走势中站稳均线，可以适当加大仓位。因为此时个股还处于震荡行情中，上涨趋势不明显，这时仍要控制仓位。股价摆脱调整，进入上升行情后，交易者可加大仓位，以获取更大的投资收益。

下面来看个股当时的分时图。

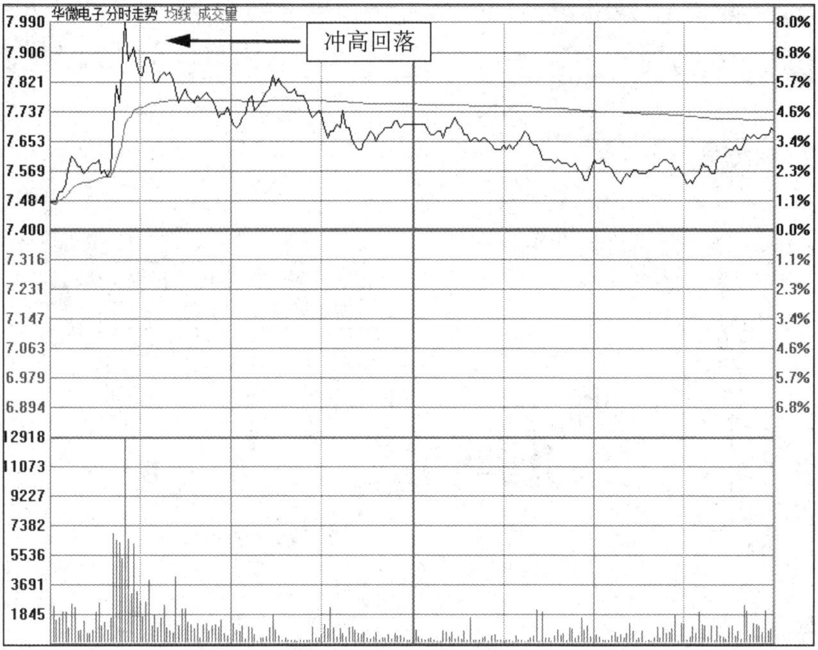


**图 7-2-2**

图 7-2-2 是华微电子（600360）2016 年 3 月 25 日的分时走势图，该股在当日的分时图中走出冲高回落的走势。个股当天早盘略微高开后即进入单

边上涨走势，股价快速拉涨，短时间股价上涨 8 个百分点，T+0 交易的获利空间充足。但个股上涨行情未能持续，随后进入震荡回落的走势，全天走势呈冲高回落的局面。

这时个股有上升的动力，但同时在高位也存在抛盘，主力需要通过不断的冲高回落来消化抛盘筹码。当个股消化完抛盘后，将开始新的上升走势。由于这时行情走势还不明确，对交易者来说，最安全的策略是半仓介入，等行情确定后再逐步加仓操作。

下面来看个股以后的走势。

图 7-2-3 是华微电子（600360）2016 年 3 月 25 日的 5 分钟 K 线走势图。在 5 分钟 K 线图中，试着从中发现 T+0 交易的买卖点。个股在上升行情之初

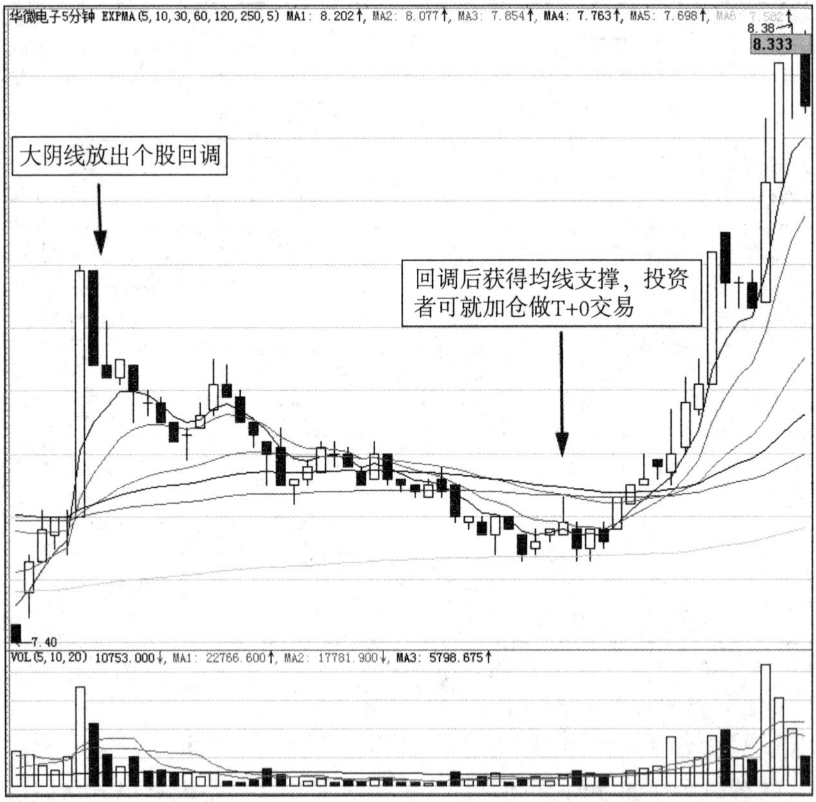


图 7-2-3

一直站稳在均线之上，均线支撑股价上行。此时交易者可以择机买进，获取上涨收益。个股直线拉升后出现回调走势，这是个股的风险所在。但个股在回调中得到均线的支撑，又支持对股价后市走势看好。随后股价摆脱震荡走势，开始新的上升行情，这时交易者可以加仓操作，获取最大的收益。

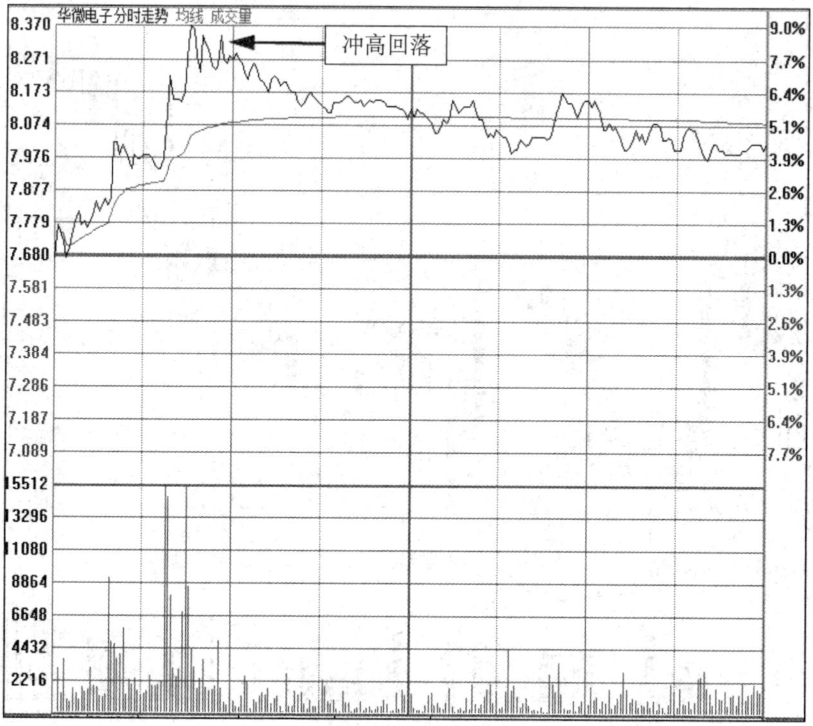


图 7-2-4

图7-2-4是华微电子(600360)随后一天即2016年3月26日的分时走势图，当天该股呈现冲高回落的走势。交易者可以在这一天的分时走势中做 T+0 交易，在股价冲高时卖出，在股价回落后买进。当然这只是一般的操作，交易者也可以从 5 分钟 K 线走势图上发现更准确的买卖点位，以获取更大的收益。

这一分时走势与前一交易日的分时走势大体相同，不同的就是股价在日线图上的位置不同，这也是用不同仓位操作的原因。个股所处的行情阶段不同，力量变化也会不同，交易者的仓位策略也应当不同。日线走势走强，才是交易者操作 T+0 最基本的条件。

下面再看一个案例。

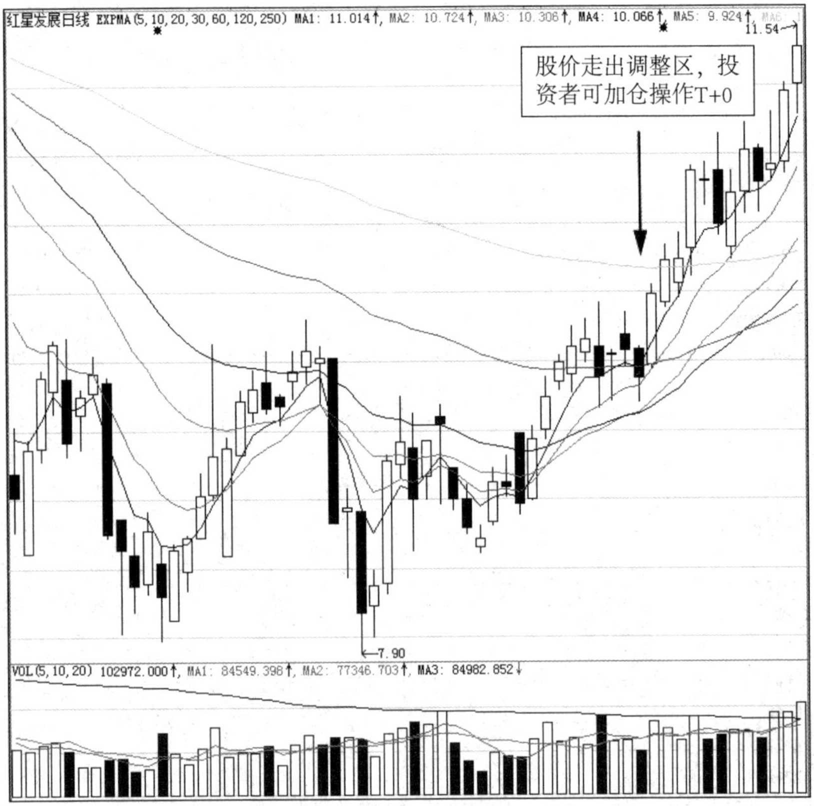


图 7-2-5

图 7-2-5 是红星发展（600367）2016 年 1 月—2016 年 4 月的 K 线走势图，该股在前期走出区间震荡的走势。做多力量在区间内慢慢积聚能量，随着时间的推移，做多力量越来越强盛，个股有走出震荡走势，开始进入上升趋势的迹象。个股在区间上沿慢慢震荡消化浮筹，一日股价突然强势上行，当天走出大阳线，正式开始上升行情。交易者之后可加仓操作 T+0。

下面来看当时的分时走势。

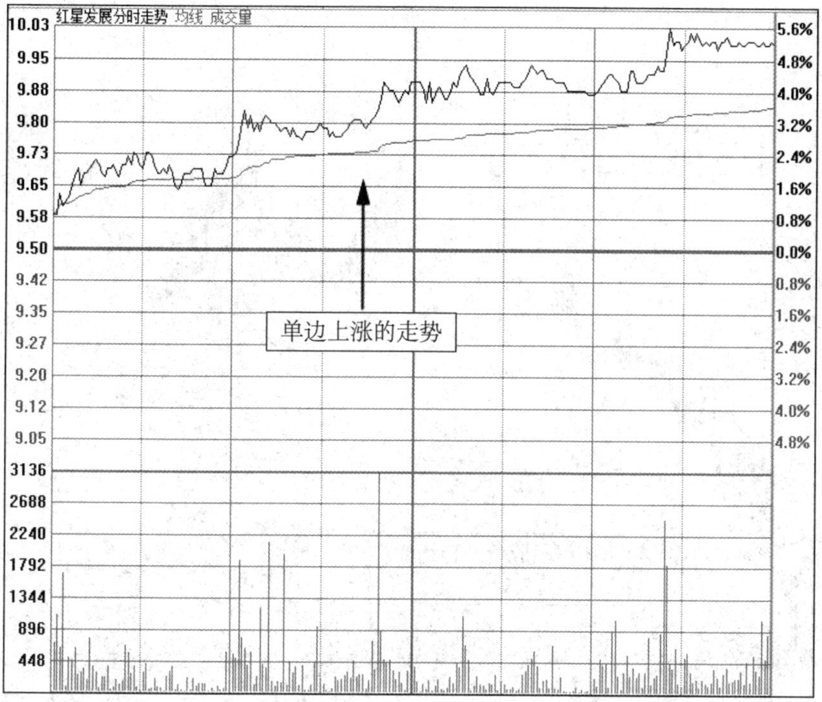


图 7–2–6

图 7–2–6 是红星发展（600367）2016 年 3 月 30 日的分时走势图，该股在当日的分时图中走出单边上涨的走势。个股当天早盘略微高开后，即进入单边上涨的走势中，期间虽有震动，但均线对股价的支撑良好，个股也保持持续上扬的走势。

对行情方向判断不明的交易者不想错失机会，这时可以半仓买进，获取震荡行情的收益，余下的仓位可以根据后期行情走势再作出增减。

下面来看个股的 5 分钟 K 线走势。

图 7–2–7 是红星发展（600367）2016 年 3 月 30 日及 31 日的 5 分钟 K 线走势图。在 5 分钟 K 线图中，试着从中发现 T+0 交易的买卖点。个股首先在低位放出大阳线，行情有转好的迹象。随后个股一直站稳均线之上上行，走势相当稳健。交易者此时可择机买进，获取收益。

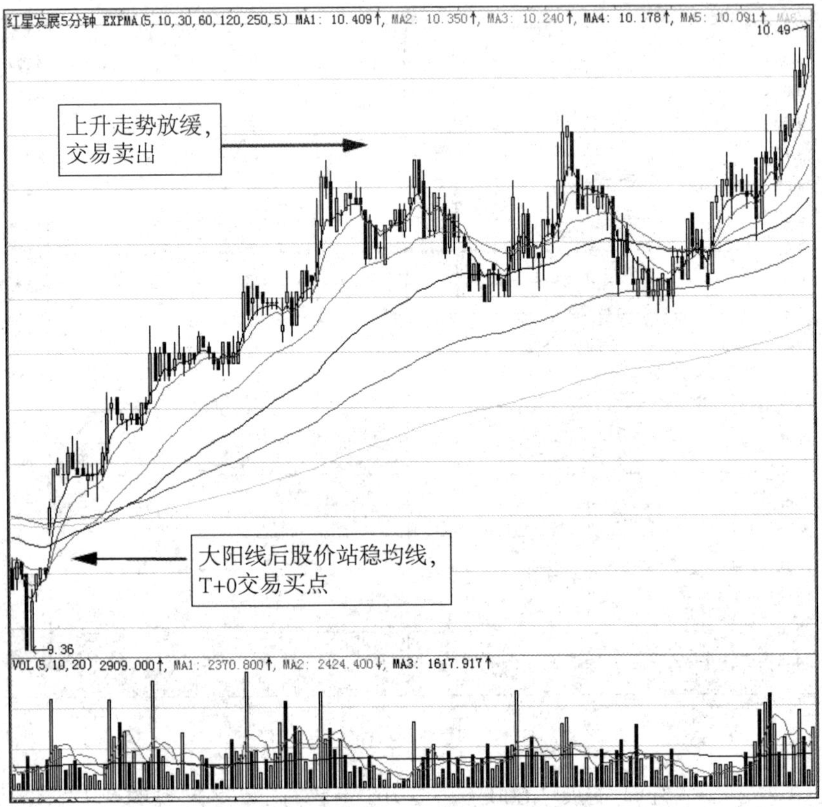


图 7–2–7

个股在拉升后期出现走势放缓的迹象，这可视为 T+0 交易的一个卖点。这时交易者要注意均线对股价的支撑作用。均线支撑股价上升，股价摆脱震荡走势，则行情继续看好。相反，股价跌破均线，则要注意回落的风险，行情有可能再次跌回震荡走势中，这也是半仓买进的原因。

当然，这只个股后市转强，均线支撑良好，交易者可以在股价获得均线支撑处加仓买进，全仓 T+0 操作，获取超额收益。

下面来看个股随后的走势。

图 7–2–8 是红星发展（600367）2016 年 4 月 1 日及 2 日的 5 分钟 K 线走势图。在 5 分钟 K 线图中，试着从中发现 T+0 交易的买卖点。股价在回调中

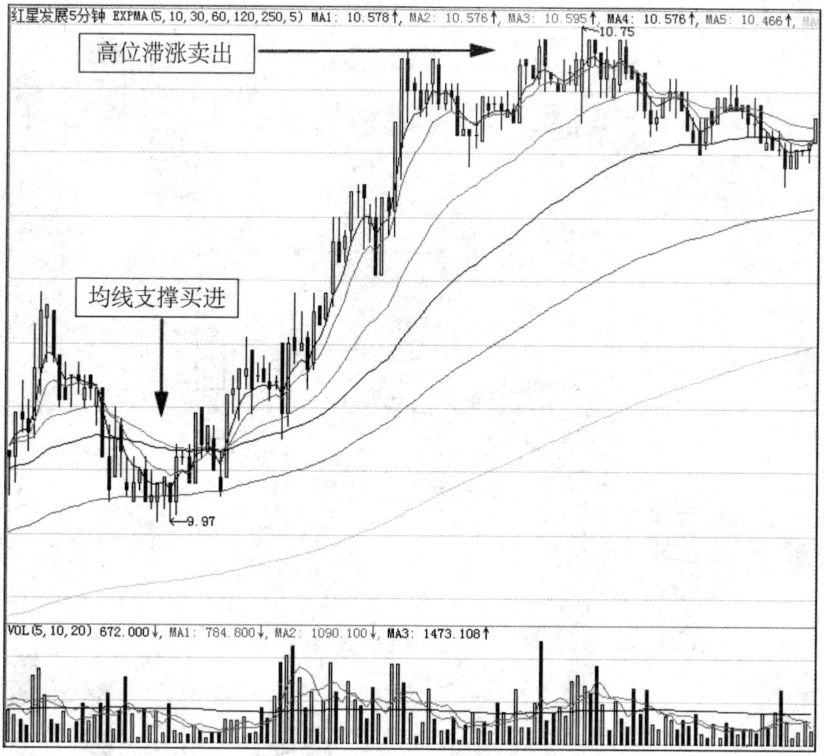


图 7-2-8

获得均线的支撑，可以看作 T+0 交易的买点，随后股价获得支撑并上行。上行到高位时，出现滞涨的走势，表明短期面临的抛压较大，有回调的需要，可 T+0 卖出，卖出后注意再次买进的机会。

对于全仓 T+0 交易，可以把时间相对地拉长。前文说过，全仓 T+0 交易是一个受限制的 T+0 交易，因为当天无法完成一个完整的进出，因此当天的买卖就显得次要一些，交易者可以参考 5 分钟线，对买卖点作出相对准确的判断，以获取 T+0 交易收益。这里仍要强调一点，T+0 交易的目的是获取收益，控制风险，其目的不在于当日回转。

下面再来看宝光股份的走势。

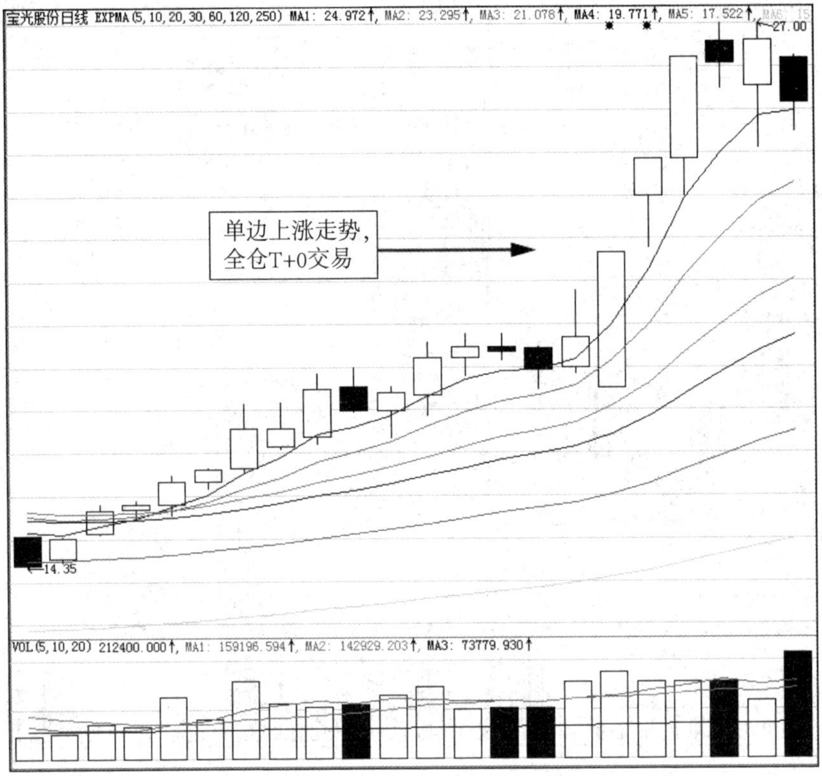


图 7–2–9

图 7–2–9 是宝光股份（600379）2015 年 5 月—2015 年 6 月的 K 线走势图。该股在区间中走出单边上涨的走势，股价在均线上方运行，走势形态良好，可全仓操作 T+0。

对于其中需要关注的风险，是股价运行到高位时出现了滞涨走势，这预示着股价有回调的压力，交易者要注意回避风险。

图 7–2–10 是宝光股份（600379）2015 年 5 月 28 日的分时走势图，当日分时图中走出冲高回落的走势。个股当天早盘略微高开后，即进入单边上涨的走势中，并于当天 10:00 达到最大值，涨幅达 9.8 个百分点。股价上涨至接近涨停板位置后即开始回落，收盘时涨幅为 4.2 个百分点。股价全天振幅巨大，可以操作 T+0 获取收益。

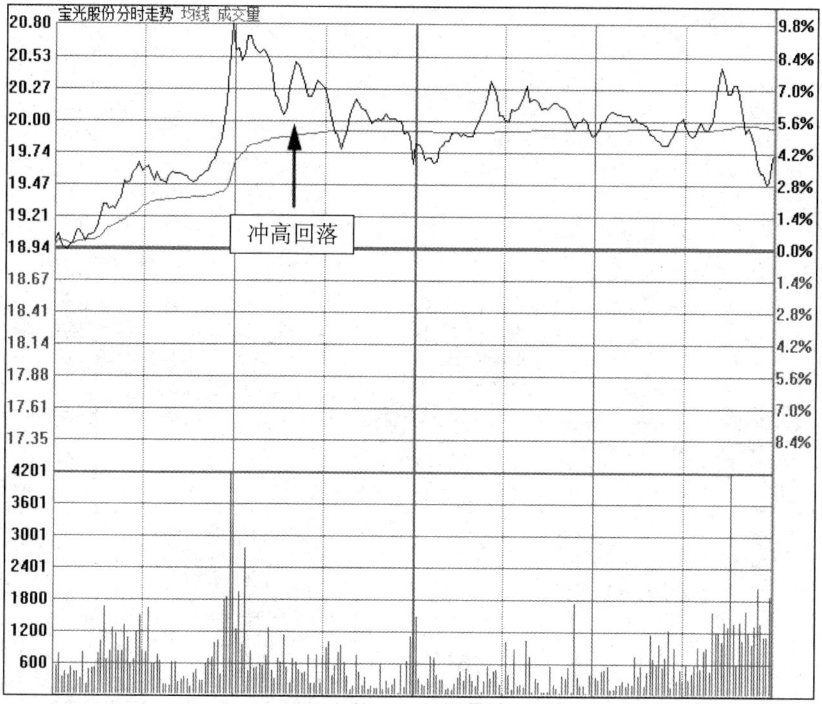


图 7-2-10

下面再看随后一天的走势。

图 7-2-11 是宝光股份（600379）2015 年 5 月 29 日的分时走势图，该股在当日的分时图中走出单边上涨的走势。区间内虽有震动，但均线对股价的支撑仍然有效。股价在获得均线支撑之后，开始稳步上行，最终封至涨停板位置。

把两个交易日的走势连续起来，可以看到以下 5 分钟 K 线走势。

图 7-2-12 是宝光股份（600379）2015 年 5 月 29 日及 30 日的 5 分钟 K 线走势图。在 5 分钟 K 线图中，试着从中发现 T+0 交易的买卖点。股价在回调中获得均线的支撑，可以看作 T+0 交易的买点，随后股价获得支撑并上行。上行到高位时，出现快速回落的走势，股价短期面临的抛压较大，T+0 交易的卖点出现。

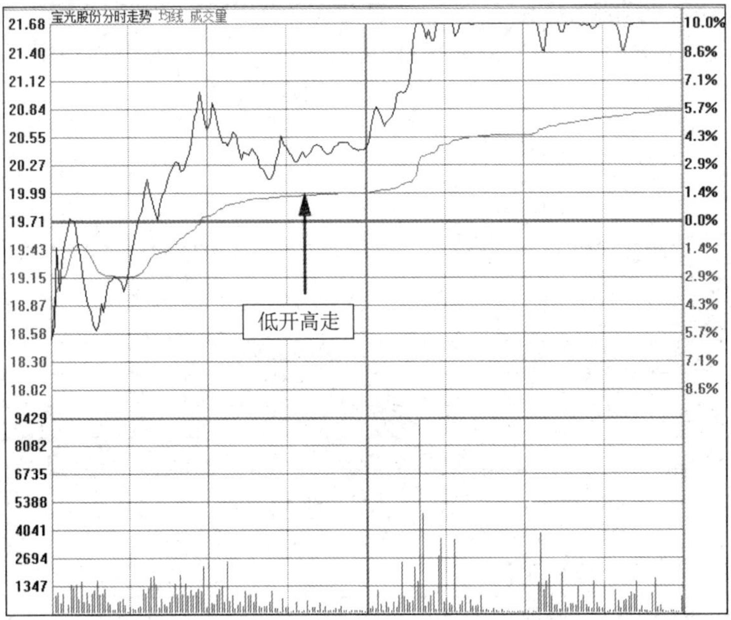
宝光股份分时走势 均线 成交量
21.68
21.40
21.12
20.84
20.55
20.27
19.99
19.71
19.43
19.15
18.87
18.58
18.30
18.02
9429
8082
6735
5388
4041
2694
1347
10.0%
8.6%
7.1%
5.7%
4.3%
2.9%
1.4%
0.0%
1.4%
2.9%
4.3%
5.7%
7.1%
8.6%
低开高走

图 7-2-11

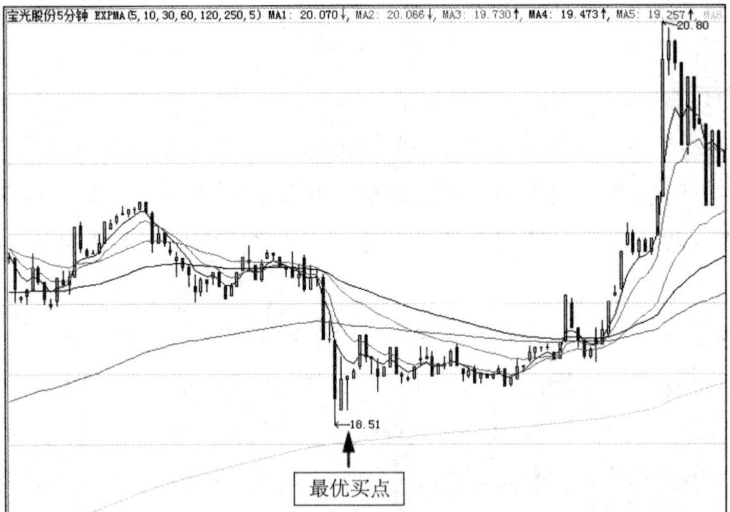
宝光股份5分钟 EXPMA(5,10,30,60,120,250,5) MA1: 20.070↓, MA2: 20.066↓, MA3: 19.730↑, MA4: 19.473↑, MA5: 19.257↑
20.80
18.51
最优买点
VOL(5,10,20) 1233.000↓, MA1: 2271.800↓, MA2: 3144.700↓, MA3: 2401.292↓

图 7-2-12

对比以上三幅图就会发现，单一指标或信号指示的买卖点难免存在偏颇，只有结合更多的信号，才能找到最好的买卖点。这里再次重申，T+0 的交易目的是为了获取收益，而不是为了交易，前面介绍的多种点位判断方法，也不是任何一种就可以找出最优的买卖点，这需要交易者结合多种信号综合判断，最终找出最优的买卖点，从中获取 T+0 收益。

# 附录

## 私募大鳄曹明成：坐庄岁月里的那些往事

理财一周报 记者 / 林奇

2009 年 11 月 7 日，《东方早报》“理财一周”对曹明成先生进行了人物专访，刊登于“资本大亨”栏目。

曹明成，1971 年出生，汉族。常住广东和海南。1997 年在湘财证券任职，后为私募资金操盘。看盘博客在新浪网、东方财富网、网易等各大门户网站每天受到数十万股民的追捧。依据 10 多年实战经验总结的“曹氏八线”操盘理论被圈内称为“零风险操作理论”。著有《吃定庄家》《擒庄实战技法》《庄家内幕揭秘》《K 线实战技术精要》《庄股经典出货模式》等书。

私募大鳄曹明成，是私募圈内资深的操盘手，曾在多家咨询公司及投资机构任职，直接参与过多次大资金的操盘。

1999 年“5·19”行情中，曹明成因成功阻击网络科技股而一战成名。

在互联网行情中，曹明成亲身领教了亿安科技、海虹控股等庄家李彪、蔡明的狠辣操盘手法。

在股海中摸爬滚打十几年的老曹，博客就叫“十年股灰”，在东方财富网的财经博客中排名第十四位。

从湘财证券的一名普通经纪人做起，再到操盘手、主操盘手、私募基金经理，曹明成经过 10 多年的实战，总结出“曹氏八线”操盘理论，并著有《吃定庄家》《擒庄实战技法》《庄家内幕揭秘》《K 线实战技术精要》《庄股经典出货模式》等书 。

“11 月还有两本书出版，今年可能还有两本，有出版社约稿了，但还没写完。”曹明成介绍。

10月26日，曹明成接受理财一周报的专访，揭露了许多不为人知的坐庄、跟庄内幕。

**阻击网络股一战成名**

**理财一周报：**像许多私募一样，您也是从经纪人做起的？

**曹明成：**差不多，早年和李华（第二代操盘手）是一批，最早是在湘财证券。离开湘财证券后，跟老板做操盘手，后来干脆出来单干了。

**理财一周报：**是不是因为做操盘手待遇都不太高？

**曹明成：**操盘手要看是什么样级别的，资深的主操盘手负责决策，与老板有分成，收入还可以。

**理财一周报：**当时做操盘手都经历过哪些比较大的战役？

**曹明成：**最早是阻击网络科技股的那一年，阻击网络科技股不是自己坐庄，而是跟庄。当时发现有大批私募资金成堆地扎入到网络科技概念类的股票，不少同类题材的股票都在底部放量，大资金入驻明显，就开始关注这个题材。

**理财一周报：**发现后是直接跟进吗？还是后来跟进的？

**曹明成：**先是试探性跟进。后来科技概念股开始成为当时的热点。与以往的概念炒作不同，这次很意外的是，炒作之后，入驻的庄家资金不见撤退，这在以往的概念炒作中很少见。当时经过考虑之后，就把所有的资金全线投入该类题材股。

**理财一周报：**这样追题材股会不会很冒险？

**曹明成：**这是很大胆的做法，当时遭到其他辅助操盘手的非议。因为这样做风险大，概念股炒作成热点后，一般都开始进入高位，这个时候介入，弄不好就成了庄家出货的牺牲品。

**理财一周报：**那为什么还决定满仓追进，当时是怎么考虑的？

**曹明成：**当时是依据庄家的操盘手法判断的。大量的庄家资金入驻了该类题材股，第一轮炒作之后，还在高位加仓，显而易见，目标不在短期。

**理财一周报：**当时网络股您跟的是哪只？

**曹明成：**做了很多只，蔡明的海虹控股就是其中一只。

**理财一周报**：这一波物联网炒作海虹控股也是龙头，您觉得这波物联网会不会像当初的互联网一样爆炒起来？

**曹明成**：这波物联网入驻的庄家资金还远远不够，暂时没有那种可能。但庄家的炒作计划可能会因为行情的变化而变化。就像当年的网络科技股，开始并不是大家都看好，后来“5·19”井喷，人气被完全带动起来，大量的私募资金进入了。因此也就出现了炒作一波后新资金大量入驻的现象，造就了一轮长达两年的牛市行情。

**亲身领教李彪跌停板洗盘法**

**理财一周报**：当时最有名的应该是罗成操控下的亿安科技，您跟的是这只吗？

**曹明成**：网络科技股的行情从 1999 年 5 月开始，直到 2001 年才退潮，持续了一年多时间。这轮题材的炒作，只要与网络科技挂边的都炒作起来了。其中的龙头亿安科技、海虹控股、四川湖山都炒作到了非理性的高度。亿安科技是第一只百元股，是罗成坐庄，操盘主要是郑伟和李彪负责。海虹控股是蔡明。去年李彪去世的时候我知道消息。

**理财一周报**：李彪总感觉对不起自己的弟弟，知道具体是为什么吗？

**曹明成**：他弟弟是李彬，当时坐庄亿安科技用的是金易投资公司的名义，郑伟是控制人。法人代表写的是李彬的名字，但李彬是圈外人，后来被扯进去了，被搞得很惨。据说李彪没有办法救无辜的弟弟，导致了李彬的破产，并差点入狱。

**理财一周报**：李彪是什么样的人？

**曹明成**：现实中的李彪长得比较斯文，光头，戴眼镜，但行事泼辣，脾气有些暴躁。郭庆、李彪、蔡明，这些都算是第一代操盘手，他们比我早一代，我那时候是小字辈。李彪操盘非常凶悍，他当时发明了跌停板洗盘法，鬼神莫测。

**理财一周报**：连续跌停，只要看盘无一幸免，当时亿安科技启动前就是连续 3 个跌停板。

**曹明成**：这种手法在当时很难判断。

**理财一周报**：为什么很多早年的庄家都不得善终？

**曹明成**：早年的操盘手生活都不太好，心理压力大是真的，真正功成名就的极少，一部分是被查了、逃亡了，一部分在后来的4年熊市（指2001-2005年熊市）中赔进去了。

**理财一周报**：那4年熊市够惨，2008年也很惨。

**曹明成**：2008年的大熊市也是套了很多的庄家。

**理财一周报**：当时为什么没有跟进亿安科技？

**曹明成**：亿安科技不敢跟。开始完全是逼空，强势股就是这样，一开始逼空，散户不跟进，继续逼空，开始震荡，散户眼红了，进去了，再拔高，庄家已经出货了。

亿安科技当年也是被逼上去的，前期的计划肯定没想要炒那么高。拉到40元的时候，没有人敢买了，怎么办？接着拉。亿安科技控盘量最后达到90%以上。其实玩到那个时候已经算失败了，最后出货比较艰难。

**理财一周报**：有个庄家跟我讲过，说很多筹码是在跌破100元后卖给了抢反弹的人。

**曹明成**：平均没有那么高。出货的平均价格，我们那时候判断应该在40元左右。60元左右制造假反弹，结果还是很少有人买。市场信心没有了，下跌趋势形成了。最大的抢反弹成交量在27元左右，平均出货价位在40~50元。

**理财一周报**：庄家出货一般都要先跌很多吧？

**曹明成**：一般庄家拉到离谱的位置，出货的价位会定在下跌一半的位置，做假反弹。

## 信奉自己的操盘理念

**理财一周报**：您信奉价值投资吗？

**曹明成**：在中国的资本市场，我从来不讲价值投资。所谓的价值，不过是给庄家炒作的理由而已。我的选股思路是跟庄，操作理论讲究趋势为先。

**理财一周报**：看来您是趋势派。

**曹明成：**我自己有一套操盘理念，在趋势形成之后，形态明朗之后才操作。但又不等同于右侧交易，我的买入点在次低点或次次低点，卖出位在次高点或次次高点。

**理财一周：**那您的这些东西是跟谁学的呢？还是自己悟的？

**曹明成：**自己悟出来的。早年是受一位老股民的启发，一位比较执著的老股民，他完全依据10日线买卖，获利很稳定。

**理财一周报：**线上持股，线下持币？

**曹明成：**是的。简单来说，可以用这八个字。

**理财一周报：**这方法最厉害，化繁为简了，但很多人不经过多年的实战永远不理解。可是单独只看一个10日线会不会有点片面？

**曹明成：**我当时研究这个10日线很长时间，也发现很多弊端。首先一点，如果不判断趋势，依据10日线买卖，会在平衡市里不知所措。另外，10日线经常被庄家作为洗盘的工具。实战中操作纪律最重要，比如下降通道就是线下持币，需要放弃所有的诱惑和机会。

**理财一周报：**您现在主要看些什么指标？

**曹明成：**都是一些我自己的指标，帮我写指标的有一个工作室，我提供我的思路，他们帮我完成。我有个学生叫谭文，他是这方面的高手。现在计算机信息技术太发达了，把传统技术分析与计算机分析相结合，真的是事半功倍。我们原来为了总结一个形态，自己画图，花大量的时间统计，再分析和总结，现在计算机可以在很短的时间内全部做完。

# 投资理财类书目

| 书名 | 作者 | 定价 |
|---|---|---|
| 股价结构：波浪与形态 | 华　强 | 35.00 |
| 神秘均线擒牛股——股市南山兵法 | 周国夫 | 32.00 |
| 从零开始学看盘 | 付　刚 | 58.00 |
| K线图核心技术 | 金　铁 | 45.00 |
| 均线核心技术 | 金　铁 | 45.00 |
| 缠中说禅：教你炒股票：解盘答问篇（上、下） | 培　峰 | 108.00 |
| 趋势交易实战——象限四度交易法 | 张文义 | 42.00 |
| 孝寒点位交易法 | 邢孝寒 | 38.00 |
| 新股民炒股全攻略 | 黄　金 | 58.00 |
| 涨停盘口定式 | 曹明成　谭　文 | 38.00 |
| 短线炒股必杀技 | 曹明成　谭　文 | 38.00 |
| 成交量分析入门与实战精解 | 刘振清 | 35.00 |
| 分时图分析入门与实战精解 | 刘振清 | 35.00 |
| 均线指标入门与实战精解 | 刘振清 | 35.00 |
| 宝塔线指标入门与实战精解 | 刘振清 | 35.00 |
| 筹码分布技术入门与实战精解 | 刘振清 | 35.00 |
| 现货石油交易实战宝典 | 张耿豪　饶　斌 | 38.00 |
| 股市晴雨表 | 汪雪鹏 | 36.00 |
| 农产品期货 | 付上金 | 58.00 |
| 教你炒股票：缠论与K线分析技术 | 培　峰 | 48.00 |
| 短线炒股全攻略 | 付　刚 | 49.00 |
| 磁区理论点评升级版 | 江南小隐 | 38.00 |
| 分时图必杀技 | 曹明成　谭　文 | 38.00 |
| 龙头股必杀技 | 曹明成　谭　文 | 38.00 |
| 三步掌握波段买卖 | 曹明成　谭　文 | 38.00 |
| 黑马捕捉术 | 曹明成　谭　文 | 36.00 |
| 阴阳K线的奥秘 | 曹明成　谭　文 | 38.00 |
| 相对波浪理论 | 唐桂华 | 42.00 |
| 波段操盘秘法 | 何瑞东 | 38.00 |
| 布林线指标入门与实战精解 | 刘振清 | 35.00 |
| MACD指标入门与实战精解 | 刘振清 | 35.00 |
| KDJ指标入门与实战精解 | 刘振清 | 35.00 |
| 一本书读懂互联网投资理财 | 蔡余杰 | 38.00 |
| 玩转技术指标：九种技术指标精讲 | 金　铁 | 45.00 |
| 新手炒股快速入门与技巧 | 刘振清 | 38.00 |
| 银行理财产品全攻略 | 薄志红 | 35.00 |
| 决战牛熊：股市获利之道 | 曹明成　谭　文 | 35.00 |
| 短线出击：股市快速获利战术 | 麻道明 | 49.00 |
| 聚沙成塔：T+0交易绝杀技 | 江南小隐 | 35.00 |
| 短线实战操盘技巧 | 伟　晴 | 42.00 |
| 一买就涨：买在底部的101个起涨信号 | 付　刚 | 38.00 |
| 一卖就赚：卖在顶部的123个卖出信号 | 刘　平 | 38.00 |
| 短线追涨与低吸技术 | 金　铁 | 38.00 |

续表

| | | |
|---|---|---|
| 实战交易密码之走向盈利 | 陈志文 | 45.00 |
| 量价关系精要 | 徐子城 | 28.00 |
| 股票画线技术入门与实战 | 刘振清 | 38.00 |
| 股价结构：趋势与轨道 | 华　强 | 35.00 |
| K线操盘学 | 麻道明 | 58.00 |
| 如何做股票交易 | 杰西·利弗莫尔 | 20.00 |
| 从零开始炒股票 | 徐子城 | 35.00 |
| 江恩理论入门、精通与实战 | 景生辉 | 28.00 |
| 缠中说禅：教你炒股票 | 王培峰 | 48.00 |
| 如何看懂技术指标 | 麻道明 | 38.00 |
| 个股期权投资指南 | 付上金 | 32.00 |
| 索罗斯32个投机信条 | 孙恩棣 | 28.00 |
| 巴菲特76条投资准则 | 孙恩棣 | 28.00 |
| 波浪时空体系 | 王军凯 | 32.00 |
| 超级牛股操盘术 | 李　闻 | 48.00 |
| 股价结构：压力与支撑 | 华　强 | 35.00 |
| 趋势定位 | 付上金 | 35.00 |
| 量价精研 | 邢孝寒 | 32.80 |
| K线阳线战法 | 麻道明 | 39.00 |
| K线阴线战法 | 麻道明 | 39.00 |
| 零起点期货投资一本通 | 黄　金 | 28.00 |
| 零起点基金投资一本通 | 黄　金 | 29.80 |
| 零起点股票投资一本通 | 黄　金 | 35.00 |
| 股市交易特技 | 时空老人 | 38.00 |
| 如何看懂分时图 | 江南小隐 | 28.00 |
| 易经演股法之个股攻略 | 第六感觉 | 35.00 |
| 艾略特波浪理论入门、精通与实战 | 景生辉 | 28.00 |
| 趋势与拐点交易法 | 戈　岩 | 35.00 |
| 家庭投资理财规划一本通 | 雷　冰 | 35.00 |
| 实战擒庄 | 张　文 | 35.00 |
| 筹码实战分析 | 刘晓杰 | 28.00 |
| 趋势技术分析 | 邱立波 | 36.00 |
| 专业操盘原理 | 景生辉 | 38.00 |
| 背离技术分析 | 江南小隐 | 29.80 |
| 小女人理财锦镶 | 游凌燕 | 28.00 |
| 理财产品全攻略 | 罗显良 | 38.00 |
| 股票投资资金管理与止损止盈技巧 | 雷　冰 | 32.00 |
| 春林涨停战法 | 张春林 | 29.80 |
| 龙头股实战技巧 | 张　文　赵振国 | 35.00 |
| 均线技术分析 | 邱立波 | 38.00 |
| 易经演股法 | 第六感觉 | 35.00 |
| 现货黄金投资技巧 | 邢孝寒 | 28.00 |
| 缠论解析：缠中说禅技术理论图解 | 江南小隐 | 23.00 |
| 实战交易密码 | 陈志文 | 35.00 |
| 股票投资的24个关键财务指标 | 雷　冰 | 35.00 |
| K线技术分析 | 邱立波 | 38.00 |
| 破译K线图中的密码 | 江南小隐 | 38.00 |